KRETA

Jack Altman

J·P·M
PUBLIKATIONEN

INHALT

Richtung Kreta

Ein besonderer Ort

Für die freiheitsliebenden Kreter sind Griechenland und Kreta zweierlei. Denn obschon ihre Vorfahren den Anschluß an das Mutterland in erbitterten Kämpfen gegen die Türken erringen mußten, geben sie sich gerne unabhängig – zumindest geistig. Besonders selbstbewußte Kreter bezeichnen ihre Heimat, bei weitem die größte aller griechischen Inseln, sogar als »Kontinent«.

Schließlich findet der Besucher hier alles, was ein richtiger Kontinent zu bieten hat: spektakuläre Gebirgszüge und sanfte Matten, großartige Strände und gutes Essen, und nicht zuletzt die Schätze der minoischen Kultur, der ältesten nicht nur in Griechenland, sondern in ganz Europa.

Seine einzigartige Vergangenheit verdankt Kreta der Brückenstellung zwischen drei *echten* Kontinenten: Europa im Norden, Asien im Osten und Afrika rund 300 km im Süden. Die griechische Mythologie verwob diese Besonderheit zu einer Geschichte eigener Prägung: die Königstochter Europa stieg an der Küste Libanons auf den Rücken eines weißen Stiers, der sich als Zeus entpuppte und sie übers Meer nach Kreta entführte. Dort gebar sie ihm einen Sohn, Minos, den ersten König von Knossos. Afrika begegnen wir etwas konkreter im Innern der Insel: die subtropische Pflanzenwelt erinnert uns daran, daß wir uns südlich von Tanger, Algier und Tunis befinden.

Wie ein fauler Schwimmer, der sich auf dem Rücken treiben läßt, liegt die 250 km lange und bis zu 60 km breite Insel im Mittelmeer. Die rund 500 000 Einwohner leben zum größten Teil an der Nordküste, wo man die meisten Ferienorte findet. Das Innere läßt sich in drei Gebirgszüge unterteilen: die Weißen Berge (Lefka Ori) im Westen, die hohen Gipfel des Ida- und des Dikti-Massivs in der Mitte und das Sitia-Gebirge im Osten. Die Täler und Ausläufer sind mit grünen Wiesen überzogen, auf denen im Frühjahr Orchideen und Krokusse blühen, gefolgt von Teppichen gelber Butterblumen. Dazwischen schimmern silberne Olivenhaine und Obstgärten mit Zitronen, Orangen, 3

Aprikosen, Feigen und Mandeln, die für den Markt angebaut werden, aber auch wild vorkommen.

Der Hauptort Iraklion in der Mitte der Nordküste ist ein geschäftiges, lärmiges Handelszentrum, flankiert von einigen Strandhotels. Die erstklassigen Einkaufsmöglichkeiten und das großartige Museum für minoische Kultur lohnen den Besuch, zumal der Palast von Knossos in unmittelbarer Nähe liegt. Iraklion bewährt sich auch als Ausgangspunkt für die Besichtigung der archäologischen Fundstätten von Phaistos, Agia Triada und Gortis und ihrer reizvollen Umgebung.

Agios Nikolaos, Elounda und Sitia im Osten sind die wichtigsten Ferienorte und für die Bedürfnisse moderner Touristen besonders gut gerüstet. Sie bieten Ausflüge in die traditionellen Bergdörfer und an die Sandstrände von Vai an der Ostküste und befinden sich in Reichweite der minoischen Palastruinen von Malia und Kato Zakros und des griechisch-orthodoxen Klosters von Toplou.

Von den malerischen, venezianisch geprägten Städten Rethimnon und Chania aus lassen sich interessante Touren an der Westküste und am Fuß des Ida-Massivs – wo Zeus aufwuchs – durch das für seine Wildblumen bekannte Amari-Tal unternehmen, aber auch Wanderungen durch die berühmte Samaria-Schlucht und das Imbros-Tal in den Weißen Bergen. Kastelli Kissamou an der Nordwestküste ist ein aufstrebender Urlaubsort, gut geeignet für die Erkundung abgelegener Dörfer am Westende der Insel.

Am südlichen Ausgang der Samaria-Schlucht liegen zwei hübsche Fischerdörfer: Chora Sfakion und Paleochora. Die einzige andere größere Siedlung an

1 DIE SCHÖNSTE WANDERUNG Die grandiose Landschaft im Innern eröffnet zahlreiche attraktive Alternativen zum Faulenzerleben am Strand. Am eindrücklichsten ist eine Wanderung durch die enge **Samaria-Schlucht** in den Weißen Bergen südlich von Chania – ob als sportliches Erlebnis oder gemütlicher Spaziergang, bleibt dem persönlichen Temperament überlassen. Die farbigen Felsen und die Kiefern- und Zypressenhaine lohnen die Anstrengung allemal.

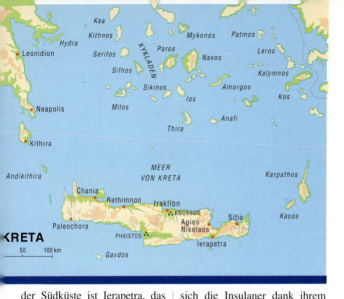

Kea
Kithnos
Hydra
Leonidion
Serifos
Paros
Mykonos
Patmos
Leros
Sifnos
Naxos
KYKLADEN
Kalymnos
Neapolis
Milos
Sikinos
Ios
Amorgos
Kos
Anafi
Thira
Kithira
Andikithira
MEER
VON KRETA
Karpathos
Chania
Rethimnon
Iraklion
KNOSSOS
Sitia
Kasos
Paleochora
PHAISTOS
Agios
Nikolaos
KRETA
50   100 km
Ierapetra
Gavdos

der Südküste ist Ierapetra, das sich durch ein mildes Klima und fruchtbare Obst- und Gemüse-pflanzungen auszeichnet. Agia Galini und Matala sind rasch wachsende Ferienorte.

Mensch und Tier

Die Wesensart der Kreter – rauhe Schale, aber im Grunde überaus herzlich – entspricht der wechselhaften Geschichte ihrer Insel. Es ist die Lebenslust der Minoer, gepaart mit einem ei-sernen Überlebenswillen. Denn während die Eroberer aus dem Norden – Römer, Venezianer, Türken und zuletzt Deutsche – kamen und gingen, vermochten sich die Insulaner dank ihrem unbeirrbaren Glauben, einer fas-zinierenden Mischung aus grie-chisch-orthodoxem Christentum und zähem Aberglauben, zu be-haupten. Manchmal gelingt es dem Besucher, die stoische Schale zu durchbrechen und bis zu einem herzlichen Lächeln und freundschaftlicher Umar-mung vorzustoßen – ein beglük-kender Augenblick! Bei Streif-zügen entlang der Küste und ins Gebirge begegnen uns die übri-gen Einheimischen: Reiher, Eis-vögel, Falken, Adler und Bus-sarde, mit etwas Glück auch Wildziegen, Wiesel oder Dachse. Zum Lächeln sind sie zu scheu. 5

Rückblende

Der Anfang der Geschichte

Die heutigen Kreter hören es nicht gern, doch ihren Sinn für die schönen Seiten des Lebens verdanken sie eigentlich der südlichen Türkei. Die Ureinwohner mußten sich nämlich mit einer eintönigen Getreidekost und ein wenig Wild begnügen – bis die anatolischen Bauern den Pflug und Bronzegeräte nach Kreta brachten und den Ertrag der fruchtbaren Böden steigerten, Vieh auf die satten Wiesen trieben und mit Oliven, Trauben und Feigen Abwechslung auf den Tisch zauberten.

Die Handelsbeziehungen dieser Siedler zu Syrien, Palästina und Ägypten verbesserten die Lebensbedingungen zusätzlich, so daß sich die Kreter bald der Kunst widmen konnten. Bereits um 3000 v. Chr. begannen sie geschnitztes Elfenbein, Goldschmuck und Töpferwaren zu exportieren, die die minoische Kultur im ganzen Mittelmeerraum zu einem Begriff machten.

In Knossos gefundenes Kultgefäß in Form eines Stierkopfes – ein Symbol der Manneskraft.

Minoische Lebenslust

Die minoische Kultur, die von den Archäologen nach dem legendären König Minos – dem Sohn des Zeus und der Europa – benannt wurde, begann um 2000 v. Chr. und erlebte eine Blütezeit von rund 500 Jahren. Die Bevölkerung zählte ungefähr 2 Millionen, viermal mehr als heute. Die minoischen Überreste zeugen eher von Lebenslust als von Eroberungswut, und die Paläste von Knossos, Malia und Phaistos wurden zum Vergnügen und nicht zur Verteidigung gebaut: statt Befestigungen finden wir Dachgärten, Bäder, Festsäle und Schlafräume, und auf den farbenfrohen Fresken wird gespielt und gefeiert.

Verglichen mit den gigantischen Tempeln und Grabstätten, die die Ägypter ihren Pharaonen errichteten, besaßen die Heiligtümer der kretischen Könige menschlichere Ausmaße – sie zogen Privatkapellen den Monumentalbauten vor. Verehrt wurden Göttinnen, die als kleine, barbusige Statuetten mit der Doppelaxt als Symbol dargestellt wurden. Ihre männlichen Partner waren ihnen eindeutig untergeordnet und erschienen oft in Gestalt eines zahmen Stiers. Die Kunst der minoischen Kreter strotzt vor Humor und Sinnlichkeit. Liebe, Spaß und Spiel standen hoch im Kurs.

Die dichten Wälder der Insel lieferten den kretischen Schiffbauern das Holz für eine der größten Mittelmeerflotten. Bezeichnenderweise setzten sie diese nicht für militärische Eroberungen ein, sondern für einen blühenden Handel mit Luxusgütern, um mit dem Ertrag ihr vergnügliches Leben zu finanzieren. Besonders begehrt waren Kretas Honig, Olivenöl und Wein, dazu Schmuck, den die einheimischen Kunsthandwerker aus importierten Materialien wie Gold, Silber, Elfenbein, Bronze und Edelsteinen herstellten.

Das Glück verließ die Kreter im 15. Jh. v. Chr., als mykenische Griechen vom Peloponnes kamen und sich auf der Insel breitmachten. Um 1450 v. Chr. wurden Knossos und die anderen Paläste in Schutt und Asche gelegt – ob durch militärische Gewalt, ein Erdbeben oder eine andere Naturkatastrophe, darüber streiten sich die Gelehrten immer noch. Einige der Paläste wurden zwar weiter bewohnt, aber die Vormachtstellung im Seehandel ging verloren, und als um 1100 v. Chr. die Dorer aus dem Balkan in Grie-chenland einfielen und auch Kreta in ihren Besitz brachten, geriet die minoische Hochkultur für 3000 Jahre in Vergessenheit, bis sie von der modernen Archäologie wiederentdeckt wurde. Viele Minoer zogen sich ins unwegsame Gebirge zurück oder wanderten aus; an der Küste Palästinas entstand die Kolonie der Philister, die weniger kriegslustig und ungehobelt waren als ihr biblischer Ruf.

Rom und Byzanz

Während der klassischen griechischen Epoche machte Kreta kaum von sich reden. 67 v. Chr. wurde es römische Provinz, mit Gortis als Hauptstadt. In den nächsten 450 Jahren beschränkte sich der römische Einfluß vorwiegend aufs Praktische: Straßen, Aquädukte, Kanalisationen.

Obschon sich 59 n. Chr. der Apostel Paulus auf der Insel aufhielt, faßte das Christentum nur langsam Fuß. Zu tief war das heidnische Denken verwurzelt, das sich noch heute in einem ausgeprägten Aberglauben und in den Oster- und Weihnachtsbräuchen zeigt. Die byzantinischen Kaiser, die den östlichen Teil des Römischen Reiches übernahmen, konnten die Kreter erst allmählich von der orthodoxen Kirche überzeugen.

Doch einmal bekehrt, ließen sie sich nicht mehr beirren – auch dann nicht, als 824 die Araber die Insel eroberten. Die neuen Herrscher errichteten an der Stelle des heutigen Iraklion ihre Hauptstadt Rabd el-Chandak (für die Europäer Candia), zerstörten sämtliche Kirchen und verwandelten Kreta in einen Piratenstützpunkt und wichtigen Sklavenmarkt. Doch die byzantinischen Soldaten machten bei der Rückeroberung 961 ebenfalls kurzen Prozeß: Sie köpften der Reihe nach jeden gefangenen Araber, bis der sarazenische Widerstand in Iraklion gebrochen war.

Venezianisches Highlife

Als während des 4. Kreuzzugs die christlichen Ritter Konstantinopel eroberten, wurde Kreta zum Handelsobjekt, und einer ihrer Anführer verkaufte die Insel 1204 für 1000 Silbermark an Venedig. In den folgenden 400 Jahren machten die Venezianer die erste ihrer zahlreichen Kolonien zum Angelpunkt ihres Handelsimperiums. Der Markuslöwe prangt noch heute an den Befestigungsanlagen von Iraklion, Rethimnon und Chania, und die venezianischen Bauten waren die schönsten seit den Zeiten der alten Minoer.

Nach heftiger Auflehnung gegen die Macht der neuen Herren erlagen die Kreter langsam, aber sicher deren elegantem Lebensstil: bald heirateten die Töchter gutaussehende, wohlhabende Venezianer, während die Söhne in schicken italienischen Kleidern herumstolzierten.

Im 16. und 17. Jh. erlebte Kreta eine neue kulturelle Blüte. Vitsentsos Kornaros schrieb sein Ritterepos *Erotokritos* (»Liebesrichter«) in der Volkssprache. Michailos Damaskinos aus Iraklion bereicherte den strengen Kodex der byzantinischen Malerei mit der reichen Farbgebung venezianischer Kunst und schuf für die orthodoxe Kirche meisterhafte Ikonen. Noch berühmter wurde Dominikos Theotokopoulos, der zuerst ebenfalls Ikonen malte, später zum Katholizismus übertrat und fast 40 Jahre lang in Spanien wirkte, wo er als »der Grieche« bekannt wurde: El Greco. In der Intensität seiner Werke finden wir die kretische Abstammung wieder.

Türkische Herrschaft

Im 16. Jh. wurde Kreta zum Zankapfel zwischen dem Christentum Europas und dem Islam des Osmanischen Reiches. Als die Türken ihre Macht über das westliche Mittelmeer auszudehnen begannen, machten sie der Insel mit Piratenüberfällen zu schaffen, die der berüchtigte Cheir ed-Din oder Barbarossa um 1530 von Algerien aus auf Chania und Sitia verübte. Die Venezianer bauten ihre Befesti- 9 gungsanlagen aus und vermochten den türkischen Angriffen über hundert Jahre lang standzuhalten, bis 1645 zuerst Chania und dann Rethimnon fielen.

Die letzte Bastion, die Hauptstadt Candia (Iraklion), leistete besonders hartnäckig Widerstand. Sie wurde 22 Jahre lang belagert und von venezianischen und kretischen Soldaten heroisch verteidigt. Als schließlich 1669 die Übergabe der Stadt ausgehandelt wurde und die Türken ein- und die Venezianer auszogen, hatte der Kampf 118000 Türken und 30000 Kretern das Leben gekostet.

Während der osmanischen Regierung, die bis 1898 dauerte, versank Kreta einmal mehr in düsterer Trägheit. Die venezianische Herrschaft war zwar kein Honiglecken gewesen, hatte aber ein lebensfrohes, kreatives Dasein ermöglicht, während die türkischen Statthalter in erster Linie Steuern erhoben und jede kulturelle Entwicklung im Keim erstickten. Statt Moscheen zu errichten, beschlagnahmten die Moslems einfach Kirchen und ersetzten deren Türme durch Minarette. Abgesehen vom Kaffee und der schmackhaften Küche erinnern lediglich ein paar stattliche Häuser wohlhabender türkischer Kaufleute und Paschas an ihre über 300 Jahre dauernde Präsenz.

Von Zeit zu Zeit griffen kretische Widerstandskämpfer aus ihren Verstecken in den Bergen die türkischen Garnisonen an, und diese rächten sich mit blutigen Massakern in den umliegenden Bauerndörfern. Kreta blieb auch nach Erringen der Unabhängigkeit Griechenlands im Jahr 1829 unter türkischer Herrschaft. So setzte sich unter dem Motto »Freiheit oder Tod« der Teufelskreis von Widerstand und Vergeltung fort, bis die Türken die Insel 1898 in die Autonomie und 1913 in die Vereinigung mit Griechenland entließen – weniger wegen der Rebellen als unter dem Druck der europäischen Großmächte.

Endlich Griechenland

Es war wohl kein Zufall, daß der griechische Ministerpräsident, der die *enosis* (Vereinigung) mit Griechenland aushandelte, ein gebürtiger Kreter war: Eleftherios Venizelos. Ihm, einem überzeugten Freiheitskämpfer und anerkannten Staatsmann, fiel auch die schwierige Aufgabe zu, den Bevölkerungsaustausch mit der Türkei durchzuführen. So wurden in den 20er Jahren 13000 griechische Flüchtlinge aus der Türkei auf der Insel angesiedelt, während die letzten 10000 Türken Kreta verließen.

Mitten in dieser bewegten Zeit führte der britische Archäologe

Der Nordeingang zu König Minos' labyrinthartigem Palast von Knossos, wie ihn sich Arthur Evans vorstellte.

Arthur Evans in der Nähe von Iraklion seine Ausgrabungen durch, die den Palast von Knossos zutage förderten. Der spektakuläre Fund, zusammen mit dem wachsenden Bewußtsein für die landschaftliche Schönheit Kretas, bildete den Grundstein für eine neue Industrie: den Tourismus.

Mit dem 2. Weltkrieg kam die nächste Invasion. Unter dem Vormarsch der Deutschen im Balkan zogen sich die britischen Truppen durch ganz Griechenland bis nach Kreta zurück. Ihr Versuch, den deutschen Angriff mit Hilfe einheimischer Partisanen abzuwehren, forderte unter den Alliierten 2000 Tote und 12 000 Kriegsgefangene. Die restlichen Truppen wurden evakuiert, und die Kreter besannen sich auf die bewährte Guerillataktik, mit der sie die Besatzer bis zum Kriegsende in Atem hielten.

Die Kriegsbomben und -granaten hatten die Städte zu einem großen Teil zerstört, und der Wiederaufbau erfolgte mehr schlecht als recht. Anders heute: Neubauten in den Ferienorten der Küste werden mit Sorgfalt angegangen und die Schönheit der Natur und die großartige alte Kultur mit dem nötigen Respekt behandelt.

11

Auf Entdeckungsreise

Kreta läßt sich in drei Abschnitte gliedern: den Osten, das Zentrum und den Westen. Die wichtigsten Ferienorte im östlichen Teil der Insel sind Agios Nikolaos, Elounda, Sitia und – an der Südküste – Ierapetra. Die Hauptstadt Iraklion (Heraklion) im Zentrum ist zwar von guten Strandhotels gesäumt, doch ziehen die meisten Besucher Chersonisos weiter östlich vor. Im Westen konzentriert sich der Tourismus um Rethimnon und Chania, Kastelli Kissamou und im Süden Paleochora. Ein Besuch von Iraklion mit dem Markt, den Geschäften, dem Archäologischen Museum und dem nahegelegenen Palast von Knossos ist von beiden Enden der Insel aus in einem ein- oder mehrtägigen Ausflug gut zu bewerkstelligen. Wer die Insel näher erkunden möchte, mietet am besten ein Auto.

DAS ZENTRUM
Iraklion, Knossos, Gortis, Lendas, Phaistos, Agia Triada, Matala und Agia Galini

Die Inselhauptstadt Iraklion ist mit 115 000 Einwohnern die fünftgrößte Stadt Griechenlands, ein geschäftiges, lärmiges Handels- und Industriezentrum mit einem Flughafen in nächster Nähe und deshalb für Übernachtungen und längere Aufenthalte nicht ideal. Kulturell und geschichtlich Interessierten hat sie jedoch viel zu bieten: die Spuren venezianischer Vergangenheit, byzantinische Ikonen und vor allem das hervorragende Archäologische Museum. Erstklassiger Schmuck und Töpferwaren machen die Stadt zum besten Einkaufsort Kretas. Iraklion eignet sich gut für Tagesausflüge von jedem Küstenort aus, wobei Chersonisos am nächsten liegt. Dasselbe gilt für die archäologischen Fundstätten im Zentrum Kretas: Knossos am Stadtrand von Iraklion und Gortis, Lendas und Phaistos weiter südlich.

Iraklion

Im Verlauf der Jahrhunderte hat eine unerquickliche Mischung von Erdbeben, Kriegsbomben, Spekulation und Bausünden die eleganten Steinfassaden verdrängt, die einst das Stadtzentrum beherrschten. Iraklion, das ältere Kreter gerne als *megalo kastro* (große Burg) bezeichnen, war lange Zeit Brennpunkt zahlreicher Verteidigungskämpfe gegen ebenso zahlreiche Eroberer. Spuren dieser militärisch-historischen Vergangenheit sind noch im alten Hafen zu finden, während der neue Fracht- und Passagierhafen etwas abseits liegt.

Venezianischer Hafen

Im alten Hafen schaukelt ein attraktives Sammelsurium von traditionellen Booten, Fischerkähnen und stattlichen Jachten. Auf der Mole thront die venezianische Festung, die 1540 zum Schutz vor der türkischen Piraten vollendet wurde. Dieses massive Kastell, das die Venezianer *Rocca al Mare* und die Türken *Koules* nannten, war das Kernstück der Verteidigungsanlagen, die der osmanischen Belagerung 22 Jahre lang, bis 1669, standhielten. An der Festungsmauer, dem Kretischen Meer zugewandt, prangt der Markuslöwe. Von den Zinnen genießt man einen schönen Ausblick auf Meer und Hafen.

Gegenüber dem Gebäude der Hafenbehörde am Kai erkennt man an ihren hohen Arkaden die Lagerhäuser und Werkstätten der *Arsenali* aus dem 16. Jh., die dem Unterhalt und der Ausrüstung der venezianischen Kriegs- und Handelsflotte dienten.

Ein Spaziergang auf der ungefähr 4 km langen venezianischen Stadtmauer (Beginn hinter der Bushaltestelle am Hafen) bietet interessante Ausblicke auf den historischen Stadtkern. An der Südseite erhebt sich die Martinengo-Bastion *(Promachon Martinengo)* mit dem schlichten Grab des großen Sohnes der Stadt, des berühmten Schriftstellers Nikos Kazantzakis (1883–1957), dem wir den Roman *Alexis Zorbas* verdanken.

Wichtigste Kirchen

Viele der Gotteshäuser Iraklions spiegeln in ihrer Architektur das wechselhafte Schicksal Kretas wider: eine katholische Kirche unter venezianischer Herrschaft, unter den Türken eine Moschee und schließlich wieder eine – diesmal orthodoxe – Kirche unter den Griechen.

Ein typisches Beispiel dafür ist Agios Titos hinter der mit Arkaden geschmückten venezianischen Loggia und dem anschließenden Zeughaus aus dem 17. Jh., in dem sich heute das Bürgermeisteramt *(Dimarchion)* 13

IRÁKLION - ΗΡΑΚΛΕΙΟΝ

KRETISCHES MEER

KOULES Κούλες

ΒΑΣ. ΓΕΩΡΓΙΟΥ

Enetiká tichi 3

KNOSSOS Κνωσός

8 ÁGIOS NIKÓLAOS
Leschi Tennis AERODRÓMION
Λέσχη Τέννις ΑΕΡΟΔΡΟΜΙΟΝ

6 Archeologikó Mousio
Αρχαιολογικόν Μουσείον

4

Idomeneos

Platía Eleftherías
Πλατεία Ελευθερίας

2 Tachidromío

Ágios Titos

Ágios Markos
Loggia

Párko El Gréko
Πάρκο

5

Platía Venizélou
Platía N. Fokà

Odós Évans

Odós 1866

Platía Komárou

AGORA (MARKET)

Agía Ekaterini

Platía Agias Ekaterinis

10 Istorikó Mousio

7

Leofóros Dikeosínis

Leofóros Plastíre

Nikoláou Plastíre
Enetiká tichi 3

Chanióporta

PHAISTOS

1 El-Greco-Park
2 Postamt
3 Venezianische Festungsmauer
4 EOT-Büro
5 Telefon- und Telegrafenamt
6 Archäologisches Museum
7 Historisches Museum
8 Tennisplätze
9 Bushaltestelle Ost
10 Bushaltestelle West

befindet. Die Kirche beherbergt in einem Schrein den Schädel des Inselheiligen Titus, eines Begleiters des Apostels Paulus, der im Jahr 59 das Christentum nach Kreta brachte. Die Reliquie wurde bei der türkischen Eroberung von den Venezianern nach Italien verschleppt und fand erst 1966 den Weg zurück auf die Insel.

Die nach dem venezianischen Schutzheiligen benannte Markusbasilika *(Agios Markos)* an der Ostseite des hektischen Venizelos-Platzes *(Platia Venizelou)* im Herzen der Stadt wurde 1239 erbaut, unter türkischer Herrschaft in eine Moschee verwandelt und erhielt nach 1960 ihr venezianisches Aussehen wieder. Sie zeigt neben Wechselausstellungen Kopien der schönsten mittelalterlichen Kirchenfresken aus ganz Kreta. Auf dem Platz, der dem auf Kreta geborenen früheren griechischen Ministerpräsidenten Eleftherios Venizelos gewidmet ist, steht der von vier Löwen getragene wuchtige Morosini-Brunnen aus dem 17. Jh. Die Cafés sind beliebter Schauplatz politischer Debatten.

Südwestlich des Venizelos-Platzes steht das wichtigste Gotteshaus der Stadt, die Katharinenkirche *(Agia Ekaterini)*, die mit dem gleichnamigen Kloster am Berg Sinai in Ägypten in Verbindung steht. Nach dem Fall von Konstantinopel im Jahr 1453 ein Zufluchtsort für byzantinische Gelehrte und Ikonenmaler, dient die Kirche heute als byzantinisches Museum, in dem vor allem Werke des berühmten Kreters Michailos Damaskinos zu bewundern sind. Die aus dem 16. Jh. stammenden Ikonen im Hauptschiff stellen Szenen aus dem Leben Jesu und Marias dar und verbinden auf raffinierte Weise den strengen byzantinischen Stil mit dem Glanz venezianischer Technik.

Archäologisches Museum

Bevor Sie die Paläste von Knossos, Phaistos, Agia Triada und

TRADITION IN EHREN

Verglichen mit anderen griechischen Inseln pflegt Kreta zu seinen alten Bräuchen ein bemerkenswert unverkrampftes Verhältnis. Mitten im modernen Stadtleben von Iraklion begegnen wir Frauen in fließenden schwarzen Kleidern, nur mit einem bunten Kopftuch geschmückt, oder Männern in verwegenen Schaftstiefeln und Kniebundhosen, den sogenannten *vraka*, dazu eine Schärpe, eine gebauschte Bluse und ein schwarzes Kopftuch. Das furchterregend aussehende Messer wird heutzutage nur zum Brotschneiden benutzt.

andere Schatzkammern der minoischen Kultur besuchen, sollten Sie sich unbedingt das Archäologische Museum ansehen.

Der solide, erdbebensichere Betonbau ist zwar schockierend häßlich, doch die zahlreichen Exponate in den 20 Sälen lassen die minoische Kultur in ihrer ganzen Feinheit, ihrem Reichtum und ihrer Lebensfreude auferstehen. Der Rundgang ist streng chronologisch angeordnet und reicht bis zur griechisch-römischen Epoche. Hier eine kleine Auswahl der wichtigsten Kunstwerke.

Die **Alten Paläste** (1900–1700 v. Chr.): Das »Stadtmosaik« von Knossos (Saal 2) besteht aus kleinen, zu einem Bild zusammengefügten Tonplatten mit minoischen Häusern, oft dreigeschossigen Gebäuden mit Flachdach. Der berühmte »Diskos von Phaistos« (Saal 3) ist heute das Symbol der minoischen Kultur und in Form von Gold- und Silberschmuck oder als Souvenir überall zu kaufen. Die über 200 winzigen Vogel-, Tier- und Menschenzeichen, die in noch nicht entzifferten Hieroglyphen spiralförmig auf der Tonscheibe angeordnet sind, bilden vermutlich einen religiösen Text.

Das **Goldene Zeitalter** (1700–1450 v. Chr.): Die Blütezeit des Palastes von Knossos wird durch ein Kultgefäß in Form eines Stierkopfes aus schwarzem Steatit (Saal 4) dargestellt, der die Zeugungskraft versinnbilicht. Eine kleine Elfenbeinfigur zeigt einen Stierspringer beim »Salto mortale«. Aus farbiger Fayence bestehen zwei Schlangengöttinnen (vielleicht auch Priesterinnen). Die eine trägt auf ihrem Kopf einen kleinen Leoparden und hält Schlangen in den Händen, während sich bei der anderen Schlangen um Kopf und Körper winden. Die »Schnittervase« (Saal 7) von Agia Triada beweist, daß Spiel und Spaß nicht nur der Aristokratie vorbehalten blieben: singend und tanzend feiern die Bauern fröhlich mit Musikanten und Priestern das Erntedankfest.

Der **Freskensaal** (Saal 14) zeigt die berühmten Wandmalereien von Knossos. Am bekanntesten ist die verführerische *Pariserin* (so getauft von Archäologen Sir Arthur Evans), dann der zarte *Lilienprinz*, die raffinierten *Blauen Damen* und nicht zuletzt das *Stierspringer-Fresko*. Hier befindet sich auch der rundum bemalte, gut erhaltene Sarkophag von Agia Triada.

Historisches Museum

Das *Istoriko Mousio* auf der anderen Seite der Stadt, gegenüber dem Hotel Xenia, schildert die Geschichte Kretas nach

Das kafenion: Mittelpunkt des gesellschaftlichen Lebens in Städten und Dörfern.

der Zeitenwende. Anhand von Skulpturen, Gemälden, Dokumenten, Waffen, Rüstungen und Fotografien läßt sich der Einfluß der Byzantiner, Venezianer, Türken und schließlich der Deutschen nachvollziehen. Im Parterre hängt eines der seltenen frühen Gemälde El Grecos – damals noch Dominikos Theotokopoulos. Die fiktive Darstellung des Katharinenklosters am Berg Sinai stammt von 1569. In den oberen Stockwerken finden wir das rekonstruierte Arbeitszimmer Nikos Kazantzakis' mit seinem Schreibtisch, Büchern, Manuskripten und persönlichen Gegenständen, daneben dörfli-

che Wohnkultur aus der Bergregion mit Trachten, Stoffen und Küchengeräten.

Der Markt

Ein Markt ist ein idealer Ort, um in die charakteristischen Farben, Gerüche und Geräusche einer Stadt einzutauchen. So auch in Iraklion: In der Odos 1866 (dies war ein Schlüsseljahr im Befreiungskampf gegen die Türken) sorgen Gewürze und Kräuter, Früchte und Gemüse, Berge von Fleisch und glitzerndem Fisch für nachhaltige Sinneseindrücke – und das breite (manchmal zahnlose) Lächeln der Händler für Komik.

17

Knossos

Wer die Ausgrabungen von Knossos genießen will, muß sich mindestens einen Morgen lang Zeit nehmen. Der Palast des Königs Minos liegt 10 Autominuten südlich von Iraklion. Man betritt die Stätte nach einem kurzen Spaziergang entlang üppig blühender Bougainvilleen durch den Westhof, wo der Archäologe Sir Arthur Evans mit einer Bronzebüste verewigt ist. Die Steinmauern tragen zum Teil noch Feuerspuren – vermutlich von der Katastrophe, die den Palast um 1450 v. Chr. zerstörte.

Der Palast

Die königliche Residenz von Knossos umfaßte 1200 Räume, die durch ein Wirrwarr von Korridoren, Treppen, engen Gängen, Fluren und Höfen miteinander verbunden waren. Touristen, die den Weg zum Mittelhof suchen, können sich das legendäre Labyrinth des Königs Minos lebhaft vorstellen (Ariadnes Garnknäuel würde sich bewähren). Die komplizierte Raumanordnung ließ die Archäologen vermuten, daß es sich vielleicht um eine Falle für Angreifer (wie bei manchen mittelalterlichen Städtchen im Mittelmeerraum) oder aber um einen Kultort handelt, der von Priestern und Gläubigen bei religiösen Zeremonien abgeschritten wurde.

Zu den Kulträumen

Lassen Sie die Büste von Sir Arthur Evans hinter sich, und betreten Sie rechts den Prozessionskorridor. Er ist mit Kopien der Wandmalereien geschmückt, die heute im Archäologischen Museum von Iraklion zu bewundern sind: braungebrannte, lockige Minoer in dünnen Lendenschurzen, die Kultgefäße tragen. Der Gang mündet links in die Südpropyläen, eine Art Vorhof mit rekonstruierten, sich nach unten verjüngenden Säulen. Dahinter erreicht man über eine breite Treppe das obere Stockwerk mit größeren Räumen und einer Terrasse, von der man auf den Mittelhof blickt.

Von hier führt ein Korridor zu den eigentlichen Kulträumen – kein grandioser Tempel, sondern eine Reihe von Kapellen, die um einen Thronraum angeordnet sind und sich eher für private Andachten als für große Zeremonien eignen. Selbst auf dem Höhepunkt von Macht und Reichtum zeigten die minoischen Könige keine Vorliebe für das Monumentale – im Unterschied zu ihren pharaonischen Zeitgenossen. Neben dem Thronraum, den man über eine Treppe an der Westseite des Mittelhofs erreicht, liegt ein Vorzimmer mit einem Marmorbecken für rituelle Waschungen. In der mit Säulen versehenen Schatzkammer

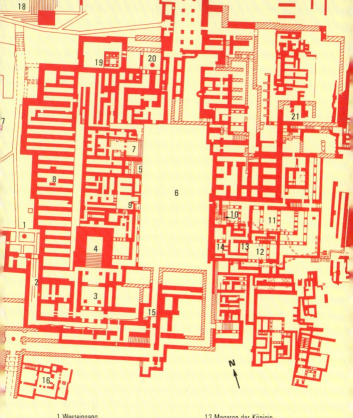

1 Westeingang
2 Prozessionskorridor
3 Südpropyläen
4 Piano-Nobile-Treppe
5 Mittelhoftreppe
6 Mittelhof
7 Thronsaal
8 Vorratsräume
9 Vorraum zu den Pfeilerkrypten
10 Haupttreppenhaus
11 Saal der Doppeläxte

12 Megaron der Königin
13 Badezimmer der Königin
14 Boudoir der Königin
15 Korridor des Lilienprinzen
16 Wohnhaus
17 Altarsockel
18 Schautreppe
19 Hof mit Kultbassin
20 Nordportikus (Stierfresko)
21 Vorratsraum mit Píthi

der königlichen Priester wurden die berühmten Statuen der barbusigen Schlangengöttinnen und weitere religiöse Gegenstände gefunden. Vermutlich hielt man in der Krypta daneben lebendige Schlangen.

AUFSTIEG UND FALL DES MINOTAURUS

Der Minotaurus, ein Ungeheuer mit Stierkopf und Menschenleib, spielt in der kretischen Mythologie eine zentrale Rolle. Er war aus einer Affäre zwischen einem von Poseidon gesandten Stier und Pasiphae, der Gemahlin des Königs Minos, hervorgegangen und diesem ein Dorn im Auge. Der König sperrte das Monster ins Labyrinth von Knossos und besänftigte es mit regelmäßigen Menschenopfern – Jünglingen und Jungfrauen aus Athen. Eines Tages war auch Theseus an der Reihe, der in Athen auf den Thron folgen sollte. Er beschloß, den Stier zu töten. Die bis über beide Ohren verliebte Tochter des Minos, Ariadne, gab ihm ein Fadenknäuel, mit dem er den Rückweg aus dem Labyrinth finden würde. Und das Ende: Theseus erschlug den Minotaurus, entführte Ariadne und ließ sie schwanger auf Naxos sitzen.

Der Mittelhof

Der Mittelhof, mit 26 m Breite und 53 m Länge eine wahre Arena, diente dem Stierspringen und anderen rituellen Wettkämpfen. Die baulichen Überreste und Fresken, die heute im Museum von Iraklion ausgestellt sind, deuten laut Fachleuten darauf hin, daß der Hof ursprünglich auf allen vier Seiten umschlossen war. Auf rot-goldenen, mit symbolischen Stierhörnern gekrönten Säulen ruhte eine Art Tribüne, auf der sich die »High-Society« bei den rituellen Kampfspielen einfand.

Man stelle sich auffällig geschminkte, raffiniert frisierte Männer und Frauen in spärlicher, aber prachtvoller Gewandung und kunstvollem Schmuck vor, die Frauen mit weißem Teint, dunkelroten Lippen und grünem Lidschatten, die Männer sonnengebräunt und mit schwarz umrandeten Augen. Musiker, Tänzer, Akrobaten und Boxer rundeten das festliche Zeremoniell ab.

Königliche Gemächer

Gegenüber den Kulträumen, auf der Ostseite des Mittelhofes und über ein großes Treppenhaus zugänglich, liegen die königlichen Gemächer, die zu den am besten erhaltenen im ganzen Palast gehören: vier in den Hügel hineingebaute Geschosse, davon zwei höher und zwei tiefer als der Mittelhof. Ein Wachraum mit in die Wände eingeritzten minoischen Doppelschilden und Doppeläxten leitet über ins Gemach des Königs, in dem ein hölzerner Thron gefunden wurde.

Ein verwinkelter Gang führt zum Gemach der Königin. Es ist mit einem Fresko geschmückt, das fliegende Fische und Delphine darstellt. Im Badezimmer steht eine Badewanne aus Ton und eine Toilette mit Wasserspülung – leider nicht mehr funktionstüchtig.

Werkstätten

Die Steinmetze, Töpfer, Schneider und Goldschmiede, die für den Palast arbeiteten, hatten ihre Werkstätten im Norden der königlichen Gemächer, wo sich auch die Vorratsräume für die Küche befanden. Besonders eindrucksvoll sind die riesigen, verzierten *pithoi*, 2 m hohe irdene Vorratstöpfe für Getreide, Öl und Wein; durch die Griffe am Rand wurden Tragseile gezogen.

Theater

Die zweite Arena in der Nordwestecke des Palastes bot 500 Zuschauern Platz. Hier wurden vermutlich Tänze, Ring- und Boxkämpfe für das »gemeine Volk« dargeboten, während der Mittelhof der Aristokratie vorbehalten war.

EIN TÖDLICHER NACHMITTAG

Das Stierspringen scheint in seinem schaurig-schönen Ritual dem spanischen Stierkampf nicht unähnlich gewesen zu sein. Ein Nichts genügte, um den graziösen, eleganten Akt in eine Katastrophe zu verwandeln. Der Höhepunkt des Nachmittags wurde von einer Priesterin angekündigt: Unter lauten Beschwörungen schritt sie in den Hof, in den Händen sich windende Schlangen, hinter ihr der Stier, empfangen von einer jubelnden und johlenden Menge – was kaum zur Beruhigung des Bullen beitrug.

Während zwei Frauen den Stier an Kopf und Schwanz festhielten, packte ihn der todesmutige Akrobat bei den Hörnern, schwang sich kopfüber auf seinen Rücken und sprang mit einem Salto und einer halben Pirouette wieder auf den Boden. Das aufgeregte Tier brauchte sich nur im falschen Augenblick zu bewegen, und der Athlet blieb auf den Hörnern stecken. Der Lohn des Helden bestand in einem Blumenmeer und vielleicht einer Gedenkminute beim abendlichen Festmahl, wenn die Zuschauer den inzwischen geopferten und gebratenen Stier verspeisten.

Das Odeon von Gortis diente für Konzerte. Die Gesetzestafeln überdacht heute ein Schutzraum aus Ziegeln.

Gortis

Ein Ausflug von der Nordküste zu weiteren archäologischen Ausgrabungen im Zentrum der Insel ist schon der Landschaft wegen ein Vergnügen. Kaum hat man die Berge im Rücken, bietet sich ein atemraubender Ausblick auf die Messara-Ebene mit ihren Wildblumen und fruchtbaren Äckern.

Mitten in Olivenhainen und blühenden Büschen liegen an der Landstraße die Ruinen von Gortis, das die Römer 67 v. Chr. zur Inselhauptstadt erkoren. Es zählte über eine Viertelmillion Einwohner – eine antike Großstadt mit Tempeln, Theatern, Marktplatz, Gerichtsgebäude und Amtssitz des römischen Stadthalters.

Ein Werk der dorischen Einwanderer aus der Zeit um 500 v. Chr. sind die Gesetzestafeln im Odeon (Theater): Steinblöcke, auf denen in rund 600 Buchstabenreihen Dekrete über Eigentum, Erbrecht, Sklavenhaltung, Ehebruch, Scheidung und Vergewaltigung festgehalten sind (abwechselnd von links nach rechts und von rechts nach links zu lesen). Die frühchristliche Basilika Agios Titos (7. Jh.) ist dem Inselheiligen und ersten Bischof, einem Begleiter des Paulus, gewidmet.

Lendas

Diese hübsche kleine Bucht, einst unter dem phönizischen Namen Lebena bekannt, liegt südlich von Gortis jenseits der Asterousia-Berge und diente in der Antike als Hafenstadt und – dank einer Heilquelle – als Kurort. Die Ausgrabungen förderten einen Asklepiostempel (Asklepios oder Äskulap war der Gott der Heilkunde, dem Hippokrates seinen Eid schwor) und eine Schatzkammer mit Mosaikboden zutage. Die Quelle ist zwar versiegt, aber ein Sprung ins kühle Naß am Strand von Kap Leon ist auch nicht zu verachten.

Phaistos *(Festos)*

Phaistos ruht in südlicher Lage königlich auf einem Hügel mit Blick über die Messara-Ebene und auf das Libysche Meer – ein idealer Ort für den Winterpalast der minoischen Herrscher. Die Ruinen zeigen eine intimere Version der Residenz von Knossos mit verwinkelten Gängen und Treppen, die zum Mittelhof führen. Bei der Besichtigung eröffnen sich immer wieder berückende Ausblicke, und es besteht kein Zweifel, daß der Architekt sie in seine Pläne einbezog. In der vom Fluß Ieropotamos bewässerten Messara-Ebene gedeihen Trauben und Oliven; vom Dikti- und vom Ida-Gebirge, die bis spät in den Frühling mit Schnee bedeckt sind, weht ein erfrischender Nordwind.

Bevor man vom Nordhof her über eine Treppe zum Hauptkomplex gelangt, sieht man rechterhand ein Theater. Es weist einen fast dreieckigen Grundriß auf und gehört zu den ältesten der Welt. Rechts führt eine breite Zeremonienstiege zum herrschaftlichen Palasteingang, den Propyläen. Links hinter dem Peristyl, dessen Säulenfundamente noch zu sehen sind, liegen die königlichen Gemächer. Der berühmte Diskos von Phaistos (im Archäologischen Museum von Iraklion) stammt aus den Räumen der Bediensteten weiter östlich.

Im Kultraum erkennen wir wie in Knossos eine zweisäulige Krypta. Die Kapelle weist Steinbänke entlang der Wände auf. Der Mittelhof ist zum Teil abgerutscht, die Fundamente des westlichen Säuleneingangs blieben jedoch erhalten. Vom Kultraum gelangt man durch einen langen Korridor zur Schmiede- und Töpferwerkstatt und zu den Lagerräumen mit *pithoi*, großen Tonkrügen für Getreide, Wein und Öl.

Agia Triada

Nur 3 km von Phaistos entfernt entdeckten Archäologen die Überreste einer kleineren minoischen Residenz – eher eine Villa 23 als ein Palast. Sie wurde nach einer in der Nähe gelegenen venezianischen Kapelle aus dem 14. Jh. benannt (*nicht* zu verwechseln mit der byzantinischen Kirche Agios Georgios unmittelbar neben den Ruinen).

Der L-förmige Bau von Agia Triada besitzt im Gegensatz zu den Palästen keinen Mittelhof und diente vielleicht als königlicher Landsitz oder Refugium der Priesterschaft. Alabasterböden und die wunderbare Lage über der Messara-Bucht, die damals wesentlich näher lag, verraten einen gewissen Luxus.

Ein fünfsäuliger Gang und eine Treppe führen von der Villa aus nach Norden zu einer Siedlung, die 1200 v. Chr. von mykenischen Griechen errichtet wurde. Auf dem Hauptplatz sind noch die Spuren der Ladenarkaden zu sehen.

Matala und Agia Galini

Die beiden Badeorte liegen bei einem Besuch von Phaistos sozusagen am Weg. Matala (im Süden) hat beliebte Sandstrände und interessante Höhlen, die von den Römern als Katakomben, von den Christen als Einsiedelei, von den Deutschen im 2. Weltkrieg als Geschützstand und von den Hippies der 60er Jahre zu friedlicheren Zwecken benutzt wurden.

Das nordwestlich von Phaistos gelegene Agia Galini erreicht man auf einer steilen Küstenstraße. Das einst malerische Dorf hat seinen Zauber ganz dem Tourismus geopfert; die abschüssigen Gassen säumen Betonhotels und Ferienwohnungen. Zum Trost gibt es gute Fischrestaurants, und der Menschenmenge entkommt man am besten in einem Fischerboot.

2 DIE ZWEI WICHTIGSTEN BERGE Sie werden beide mit Zeus in Verbindung gebracht. Auf dem **Ida-Gebirge** südöstlich von Rethimnon soll er bei den Hirten zum Manne herangewachsen sein. Die Höhle, in der er sich verbarg, wurde von den Griechen in eine Kultstätte umgewandelt. Auf dem **Dikti-Gebirge** im Osten der Insel hatte Rhea ihr Söhnchen vor seinem gefräßigen Vater Kronos in einer anderen Höhle versteckt. Hier wuchs Zeus auf, mit Ziegenmilch und Honig ernährt. Die Diktäische Höhle ist etwas schwieriger zu erklimmen, aber wegen der Tropfsteingebilde und der grandiosen Landschaft die Anstrengung wert.

DER OSTEN

Agios Nikolaos, Elounda, Mochlos und Psira, Gournia, Dikti-Gebirge, Chersonisos, Malia, Sitia, Kato Zakros, Ierapetra

Entlang der felsigen Küste im Osten von Iraklion, die wegen ihrer Ähnlichkeit mit der Côte d'Azur oft als »kretische Riviera« bezeichnet wird, windet sich eine kurvenreiche Straße mit phantastischen Ausblicken. In diesem Teil der Insel blüht denn auch ein hochkarätiger Tourismus. Im Zentrum steht Agios Nikolaos; der attraktive Hafen, die zahlreichen Geschäfte und die ausgezeichneten Restaurants werden in der Hochsaison eifrig benutzt. Die erstklassigen Swimmingpools der Hotels lassen den Mangel an Sandstränden vergessen. Chersonisos, Elounda und Sitia links und rechts von Agios Nikolaos – und Ierapetra an der Südküste – sind kleiner, aber nicht unbedingt ruhiger.

Wer dem Küstenleben entfliehen möchte, hat verschiedene Möglichkeiten: ein Abstecher in die Bergdörfer, in denen traditionelle Handarbeiten hergestellt werden; eine Wanderung zu den Höhlen, die die alten Griechen als Zeus' Kinderstube verehrten; oder ein Gang durch die Ausgrabungen der minoischen Kultur in Malia und Kato Zakros oder in der Ruinensiedlung Gournia.

Agios Nikolaos

Agios Nikolaos liegt auf einer kleinen Halbinsel in der Bucht von Mirabello *(Kolpos Mirabellou)* und bietet wirklich fast alles, was das Touristenherz begehrt. Das Klima ist das ganze Jahr über angenehm – heiß und trocken im Sommer, mild im Winter – und die Möglichkeiten für Wassersport sind schier unbegrenzt. Rund eine Autostunde vom Flughafen von Iraklion entfernt, entpuppt sich das fröhliche, gastfreundliche Städtchen als idealer Ausgangspunkt zur Erkundung Ostkretas. Der städtische Strand *(Kitroplatia)* befindet sich südlich der Bushaltestelle.

Der Hafen

Hier gibt es – abgesehen von Iraklion – die besten Geschäfte mit Schmuck, Keramik und Souvenirs. Als zusätzlicher Pluspunkt erweist sich das malerische Ambiente am Fischerhafen, der ein Eldorado für Liebhaber von Meeresfrüchten und Ausgangspunkt für Bootsausflüge entlang der Küste und auf die Inseln der Mirabello-Bucht ist. Ein Kanal verbindet den Hafen 25 mit dem lieblichen Voulismeni-See. Das – mit 64 m erstaunlich tiefe – Wasser soll, so glaubte man in alten Zeiten, direkt zur Hölle führen. Die Straße gegenüber bringt uns näher zum Himmel oder zumindest auf ein Kliff mit einer himmlischen Aussicht über die Lagune und den Hafen – vor allem bei Sonnenaufgang ein Hochgenuß.

DER ABENDSPAZIERGANG

Der Bummel – die *volta* – auf der mit Kaffeehäusern reich bestückten Promenade des Voulismeni-Sees ist ein gesellschaftliches Ereignis: das griechische Gegenstück zur italienischen *passeggiata*. Dabei geht es weniger um die frische Luft vor dem Abendessen als darum, zu sehen und gesehen zu werden. In diesem allabendlich zelebrierten Straßentheater ist jeder gleichzeitig Schauspieler und Zuschauer und entsprechend herausgeputzt. Die jungen Männer und Frauen, dem Zeitalter der Anstandsdamen längst entwachsen, führen ungeniert ihre Verlobten spazieren, während die Mütter Arm in Arm diesen bedauerlichen Stand der Dinge und die letzten Neuigkeiten kommentieren und die Väter über Politik und Fußball diskutieren.

Archäologisches Museum

Das Museum in der Odos Paleologou besitzt wertvolle Funde aus verschiedenen Ausgrabungen, minoischen Gold- und Silberschmuck, Bronzewaffen, Tonfigürchen und Stein- und Keramikgegenstände. Prunkstück ist die 4000 Jahre alte Göttin von Mirtos, eine Vase mit einem seltsamen Deckel und Ausguß, und zwei Gefäße, die wie eine moderne Bratpfanne und ein Teekessel aussehen. Ein schauerlicher Fund stammt von einem römischen Friedhof bei Potamos: ein mit vergoldeten Olivenblättern bekränzter Schädel. Die Silbermünze, die er im Mund hatte, war für Charon, den Fährmann der Unterwelt, bestimmt.

Elounda

Das Dorf an der Westküste der Mirabello-Bucht hat sich zu einem florierenden Touristenzentrum entwickelt. Moderne Hotels in gepflegten Gartenanlagen und hübsche Restaurants auf der Mole am Fischerhafen nehmen die Gäste auf. Die Kiesstrände bieten eine angenehme Abwechslung zum obligaten Swimmingpool.

Halbinsel Spinalonga

Vor dem schmalen Landstreifen im Norden von Elounda ruht im Meeresboden halb versunken die einst bedeutende antike Stadt

Olous aus dem 2. Jh. v. Chr. Taucher können die Überreste erkunden, doch denken Sie daran: Funde müssen gemeldet, dürfen aber nicht entfernt werden. Für Landratten eher geeignet sind die Ausgrabungen einer frühchristlichen Basilika, die ein schwarzweißes Fußbodenmosaik mit springenden Delphinen aus dem 4. Jh. n. Chr. freilegten. Der Spaziergang durch die urwüchsige Landschaft ist auch bei Ornithologen beliebt.

Insel Spinalonga

Die Insel, Sitz einer venezianischen Festung aus dem 16. Jh. und zu Beginn des 20. Jh. kurze Zeit eine Leprakolonie, ist mit Ausflugsbooten von Elounda und Agios Nikolaos aus zu erreichen. Mit etwas Glück und einem guten Fernglas erspäht man im Naturreservat der Nachbarinsel Agii Pandes ein Agrimi, die einst vom Aussterben bedrohte kretische Wildziege, die auch in der Samaria-Schlucht im Westen der Insel beobachtet werden kann.

Mochlos und Psira

Zwei faszinierende kleine Inseln vor der Ostküste der Mirabello-Bucht zeigen Spuren minoischer Siedlungen. Die Überreste sind wie bei Olous zum Teil unter Wasser zu sehen. Nur 150 m vom Küstendorf Mochlos (mit einem guten Fischrestaurant) entfernt liegt die gleichnamige Insel. Sie können zu ihr hinausschwimmen und dort einen Augenschein nehmen – die Felsen sind allerdings schroff und Badeschuhe oder Sandalen zu emfehlen. Nach Psira muß man ein Boot mieten.

Gournia

Zur Erkundung dieser alten minoischen Siedlung 18 km östlich von Agios Nikolaos braucht man weder Badehose noch Boot. Die Überreste der alten Mauern und

3 DIE DREI SCHÖNSTEN STRÄNDE Die Küsle von Kreta besteht meistens aus Fels und weniger aus Sand, doch es gibt ein paar gute Sandstrände. Die besten findet man in **Chersonisos** an der Nordküste – lange, feine Strände gesäumt von Hotels –, **Vai** an der Ostküste, wo man sich unter Palmen am tiefblauen Wasser rekelt, und **Kastelli Kissamou** im Westen.

gepflasterten Straßen auf dem Hügel über der Mirabello-Bucht sind sogar vom Auto aus zu sehen. Luxuriös waren Gournias Ausmaße nicht: die Straßen um den Marktplatz sind gerade breit genug für Fußgänger und ihre Tiere. Beachten Sie die Außentreppe, die zu den oberen Stockwerken führte. Wahrscheinlich sahen die meist dreigeschossigen Häuser vor 3000 Jahren recht ähnlich aus wie heute in kretischen Bergdörfern, wo die Familie im Sommer oft auf dem Dach schläft.

Dikti-Gebirge

Ein Besuch der Bergdörfer in der Umgebung von Agios Nikolaos führt uns näher an das Alltagsleben der heutigen Bergbevölkerung heran.

Kritsa

Das Bergdorf (12 km landeinwärts von Agios Nikolaos) ist berühmt für seine Webereien. Zum Verkauf ausgebreitete Bett- und Tischwäsche, Teppiche und Umhänge türmen sich in den Fenster- und Türöffnungen der Ateliers. Die farbigen Webarbeiten sind hier etwas günstiger als in Iraklion oder den Badeorten. Vergessen Sie darob aber nicht die weißgetünchte byzantinische Kirche Panagia Kera, die sich am Dorfeingang in einen Olivenhain schmiegt. Sie besitzt wunderbare Wandmalereien aus dem 14. und 15. Jh., zum Beispiel Szenen aus dem Leben Jesu an der Kuppeldecke und das Abendmahl über dem Hauptschiff.

Kalamafka

Außergewöhnlich an diesem Dorf in der Nähe des Ferienortes Istro ist seine spektakuläre Lage am Osthang des Dikti-Gebirges und der großartige Blick nach Norden und Süden, auf das Kretische und das Libysche Meer.

Dikti-Höhle

Beim Ausflug zur Geburtshöhle des Zeus – auf 1025 m Höhe – fühlen sich nur geübte Wanderer wirklich wohl. Sie ist vom Dorf Psichro aus in einem 20minütigen Marsch über einen rutschigen Pfad zu erreichen. Die Vielfalt der Stalagmiten und Stalaktiten hatte es schon den Besuchern der Antike angetan; von ihrer Ähnlichkeit mit griechischen Gottheiten beeindruckt, haben sie die Höhle mit zahlreichen Steinaltären und Votivgaben aus Bronze geschmückt, die heute im Archäologischen Museum von Iraklion ausgestellt sind.

Chersonisos

Dank seiner Lage in der Nähe von Iraklion – und doch vom Stadtlärm weit entfernt – gehört Chersonisos zu den populärsten 29

Badeorten Kretas. An den langen Sandstränden kann man jeglichen Wassersport betreiben oder einfach in der Sonne faulenzen und sich ab und zu im Meer erfrischen. Daß hier das Lustprinzip dominiert, zeigen die zahlreichen Bars, Cafés, Pubs und Diskotheken.

Am Hafen erinnern die unter Wasser liegenden Mauerreste griechischer und römischer Kais, Piers und Molen an die Vergangenheit als wichtiger Handels- und Flottenstützpunkt. Auf einem Kap mit dem Namen Kastri wurden die Überreste einer frühchristlichen Basilika (möglicherweise aus dem 6. Jh.) ausgegraben; unter dem Felsvorsprung lassen sich im Wasser die Grundmauern römischer Fischkästen erkennen.

Malia

Etwas weiter im Osten finden wir in Malia einen minoischen Palast aus derselben Epoche wie Knossos. Er wurde zwar nicht neu aufgebaut, doch das malerische Ruinenfeld läßt die klassische Anordnung mit Prunktreppe, Korridoren, königlichen Gemächern und Vorratsräumen rund um den Mittelhof erkennen. Von besonderem Interesse

Agios Nikolaos kann manchmal auch ruhig und beschaulich sein.

ist eine runde Kalksteinscheibe von 90 cm Durchmesser in der Südwestecke des Hofes, der *kernos*: auf seiner Oberfläche sind ringsum näpfchenartige Vertiefungen angebracht. Ob sie eine Art Spielbrett oder als Opferplatte für Samen- und Getreidegaben benutzt wurde, bleibt ungewiß. Hinter einer erhöhten Zeremonienplattform führen Stufen zum rituellen Bad hinunter, das einem frühchristlichen Taufbecken ähnelt.

Sitia

In dieser hübschen Hafenstadt am Ostende der Insel geht es – zumindest außerhalb der Hochsaison – beschaulicher zu und her als in anderen Küstenorten. Ein Besuch lohnt sich schon wegen der Fahrt auf der kurven- und aussichtsreichen Küstenstraße (der die Gegend den Namen »kretische Riviera« verdankt), vorbei an kleinen Oliven- und Zitronenhainen und abenteuerlich an Felshängen klebenden Dörfchen.

Von Überfällen des Piraten Barbarossa und einigen Erdbeben immer wieder beschädigt, wurde die alte venezianische Hafenstadt im 17. Jh. während der türkischen Blockade endgültig zerstört. 200 Jahre später neu aufgebaut, ist Sitia heute bevorzugtes Ziel von Booten aus Agios Nikolaos.

Der Hafen

Hier drängen sich Läden, Cafés, Restaurants und Häuser in bunten Farben, und es herrscht vor allem am Abend zur »heiligen« Stunde der *volta* (Bummel) ein fröhliches Treiben. Jenseits des Hafengebäudes haben Ausgrabungen im felsigen Meeresboden die Überreste römischer Fischbecken zutage gefördert.

Archäologisches Museum

Die Ausstellung umfaßt Ausgrabungsfunde aus der Region, prähistorische, minoische und antike Gegenstände, vor allem schöne Keramik, eine Weinpresse aus dem minoischen Palast von Kato Zakros und seltsames altes Fischereigerät.

Venezianische Festung

Das Kastell aus dem 16. Jh. bietet einen herrlichen Blick über die Bucht von Sitia und die umliegenden Hügel und dient im Sommer gelegentlich als Kulisse für Musik- und Theaterfestspiele. Beim Sultaninenfest im August wird die jährliche Rosinenernte gefeiert, das Exportgut Sitias.

Toplou-Kloster

Zu den beliebten Ausflugsorten gehört das aus dem 14. Jh. stammende Kloster östlich von Sitia. Der Spitzname »Toplou« (das Kloster hieß früher Panagia Akrotiriani oder »Jungfrau vom Kap«) bedeutet auf türkisch »Kanone« – eine Erinnerung an den ehrenvollen Versuch der Venezianer, das Kloster 1645 mit Befestigungsmauern und Artillerie zu verteidigen.

Heutzutage lohnt sich ein Besuch vor allem wegen der spätbyzantinischen Ikone von Ioannis Kornaros aus dem 18. Jh. Die 61 Szenen mit dem Titel »Herr, Du bist groß« verherrlichen Jesus – jede ist mit einer Zeile aus einem orthodoxen Gebet versehen.

Vai

Einen eher weltlich-sinnlichen Genuß darf man von einem Tagesausflug nach Vai erwarten, einem Sandstrand an der Ostküste mit Felsvorsprüngen und einem regelrechten Palmenhain. Den Kretern zufolge entstand der Hain aus den Dattelkernen, die arabische Seeleute bei einem »Picknick« ausspuckten. Eine hübsche Anekdote – nur steht der Hain schon seit den Römern, und die Früchte sind ungenießbar…

Kato Zakros

Der minoische Palast thronte weitab vom höfischen Leben am äußersten Südostzipfel der Insel. Ein gut geschützter Hafen begünstigte den Handel mit Ägypten und dem Orient und verschaffte Zakros einen Wohlstand, von dem die herrlichen Elfenbein- und Bronzegegenstände im Archäologischen Museum von Sitia ein beredtes Zeugnis ablegen. Die Stadt besaß jedoch nicht nur wirtschaftlich, sondern dank ihrer strategischen Lage auch militärisch große Bedeutung, und man nimmt an, daß sie der wichtigste Verteidigungs- und Marinestützpunkt des minoischen Königreiches war. Zakros wurde 1901 von den Briten entdeckt, doch erst 1962 stießen griechische Archäologen auf den eigentlichen Palast.

Von Sitia bringt uns die Straße in einer eindrücklichen Fahrt über das Gebirge und ein weites Hochplateau, vorbei an einer schwindelerregenden Schlucht und durch grüne Bananenpflanzungen hinab zur Bucht von Zakros, um schließlich von Süden her an den Palast heranzuführen.

Vielleicht möchten Sie sich zuerst einen Überblick verschaffen – die alte Stadt oberhalb des Palastes ist der ideale Ort dazu. Wer mit Knossos und Phaistos vertraut ist, erkennt die klassische Anordnung einer minoischen Residenz: den Mittelhof mit Kultraum und Weihbecken im Westen und die königlichen Gemächer im Osten. Von besonderem Interesse ist die gut erhaltene Küche, die noch fast alle Geräte enthielt.

Der Grundriß des minoischen Palastes entspricht angeblich dem ägyptischen Brauch, die Räume der Lebenden auf der Seite der aufgehenden Sonne und die der Unsterblichkeit geweihten Kapellen auf der Seite der untergehenden Sonne zu errichten. Ob der Zisternenraum mit den Stufen, die zu einem unterirdischen Becken mit 7 m Durchmesser überleiten, ebenfalls an die ägyptische Kultur anknüpft, bleibt ungewiß. Manche Wissenschaftler glauben, daß hier die heilige Barke vor Anker lag, die den König zu den Göttern tragen sollte – doch vielleicht handelt es sich bloß um den königlichen Swimmingpool.

Ierapetra

Die einzige Stadt an der Südküste genießt rund ums Jahr ein mildes Klima, das vor allem in den ruhigen Wintermonaten sehr erfreulich ist. Hier gibt es günstige Übernachtungsmöglichkeiten und einen schönen Strand, der vom Stadtzentrum aus zu Fuß leicht erreichbar ist. Den Fischerhafen ziert ein restauriertes venezianisches Kastell aus dem 17. Jh. Ein kleines Museum beherbergt Ausgrabungsfunde aus der alten dorischen Siedlung Ierapytna. Ierapetra ist nur 300 km von Afrika entfernt und stolz darauf, die südlichste Stadt Europas zu sein.

DER WESTEN

Chania, Halbinsel Akrotiri, Ferienorte und Dörfer,
Samaria-Schlucht, Imbros-Schlucht, Rethimnon,
Ausflüge von Rethimnon

Die Ferienorte im Westen der Insel sind weniger überfüllt als im Osten, obschon gerade Chania und Rethimnon reizvolle Städte sind. Sie eignen sich ausgezeichnet als Basis für Ausflüge ins Landesinnere, und dank den guten Stränden in unmittelbarer Nähe ebenso für Wassersport. Wer einsame Buchten liebt, wird an der felsigen West- und Südküste und auf den vorgelagerten Inseln fündig, während Wanderfreunde in den grandiosen Schluchten von Samaria und Imbros auf ihre Rechnung kommen. Die Zeushöhle im Ida-Massiv bleibt auch jenen in Erinnerung, die sich nicht für Mythologie begeistern.

Chania

In einem Kranz gesichtsloser Neubauviertel liegt die Altstadt, ein Gewirr stimmungsvoller Gäßchen mit venezianisch-türkischem Flair. Chania war 1898–1971 Kretas Hauptstadt. Sie steht auf dem Fundament der minoischen Siedlung Kydonia, die – das erzählen uns Steintafeln in Knossos – von Kydon, dem Enkel König Minos', gegründet wurde.

Venezianischer Hafen

Am natürlichen Hafen von Chania breitet sich in einem lieblichen Halbrund die wohl bezauberndste Hafenkulisse der Insel aus. Spazieren Sie frühmorgens zum Leuchtturm am Ende des stattlichen Wellenbrechers hinaus, um das glitzernde, sanft elfenbein- und beigefarbene Panorama in sich aufzunehmen. Wie ganz anders präsentiert sich das Farbenspiel bei Sonnenuntergang, wenn vor den intensiven Bernstein- und Goldtönen die funkelnden Lichter der Tavernen und Läden aufleuchten!

Die Anlagen bestehen aus einem Innenhafen im Osten und einem Außenhafen im Westen. Der Firkas am Westende, ein restaurierter Teil der venezianischen Befestigungen, beherbergt das Nautische Museum, das einen Einblick in die Geschichte der griechischen Schiffahrt gewährt, von Modellen antiker Kriegsschiffe bis zu einem modernen U-Boot. Gegenüber, auf der anderen Seite des Hafenbeckens, hat sich in der Janitscharen-Moschee (*Djami ton Genissarion*), dem ältesten türkischen Gebäude (1645), das Informa-

Private Jachten und Fischerboote in Chanias geschütztem Hafen, dem elegantesten Teil der Stadt.

tionsbüro der Fremdenverkehrszentrale eingenistet. Der Innenhafen wird von den alten Arsenalen im Osten der Moschee dominiert: 7 von ursprünglich 17 mit Tonnengewölben überdachte Hallen, in denen die Venezianer die Schiffe der Serenissima ausrüsteten und reparierten.

Kastelli-Viertel

Hinter der Janitscharen-Moschee haben die Bombenkrater des 2. Weltkrieges Spuren der alten minoischen Siedlung freigelegt. Noch heute sind am Agia-Katerini-Platz Archäologen damit beschäftigt, die Überreste eines alten Lagerhauses oder vielleicht des Königspalastes zu retten, bevor sie ein weiteres Mal begraben werden – diesmal unter einem Hotel oder einer Bank. Die wichtigsten Funde sind im Archäologischen Museum zu bewundern.

Topanas-Viertel

In den Gäßchen hinter dem Firkas-Museum zeigen die orientalisch anmutenden Holzbalkone und -erker, die den venezianischen Steinhäusern aufgepfropft wurden, daß wir uns im türkischen Viertel befinden. Beachten Sie den schmucken türkischen Brunnen am venezianischen 35

Stadttor. Nun reihen sich die Werkstätten der Töpfer, Weber und Tischler aneinander, die vor allem an der Theotokopoulou-Straße empfehlenswerte Produkte anbieten.

Evreika-Viertel

Dieser Stadtteil beim Archäologischen Museum am Südrand des Topanas-Viertels hat von seiner jüdischen Vergangenheit außer dem Namen nur die Tradition der Lederverarbeitung übernommen. Die besten handgearbeiteten Stiefel, Schuhe und Sandalen sind in der Skridlof-Straße zu finden.

Zwei Museen

Das Archäologische Museum ist in der venezianischen Klosterkirche San Francesco untergebracht. Der Brunnen im Garten und Mauerreste eines Minaretts erinnern daran, daß die Kirche während der Türkenherrschaft in eine Moschee verwandelt worden war. Die wichtigsten Ausstellungsstücke stammen aus den Ausgrabungen im minoischen Kydonia, die ständig neues Material ans Licht bringen, darunter Skulpturen, Mosaiken und Sarkophage.

Das Historische Museum in der Sfakianaki-Straße am Südostrand der Stadt besitzt Karten, Dokumente und Mobiliar aus der venezianischen Zeit. Im Mittelpunkt steht jedoch der griechische und vor allem der kretische Unabhängigkeitskampf, eindrücklich belegt durch furchterregende Waffen und Porträts von Helden der Insel, die sich den Türken und den Deutschen entgegenstellten. Ein Raum ist dem berühmtesten Sohn Kretas gewidmet, dem griechischen Ministerpräsidenten Eleftherios Venizelos, der 1864 in Chania zur Welt kam.

Markthalle

Auf dem gedeckten Markt (1911) im Herzen des modernen Stadtteils floriert der Handel mit Früchten, Gemüse, Käse, Fleisch und Fisch – ein quirliger Ort, wo die Einheimischen das Sagen haben.

Halbinsel Akrotiri

Die Natur auf Akrotiri ist noch weitgehend unberührt – ein malerischer Landstrich mit einem gut besuchten Passagierhafen, drei Klöstern und Eremitenhöhlen. Wie eine Faust ragt die Halbinsel östlich von Chania ins Meer und bildet einen Schutzwall für den natürlichen Hafen der Souda-Bucht. Wenn Sie mit der Fähre nach Chania kommen, legen Sie hier an. Daß Souda auch Stützpunkt der NATO und der griechischen Marine ist, wird vor allem abends deutlich, wenn die Matrosen in den Bars

und Tavernen für Lärm und Leben sorgen. An der Souda-Bucht befindet sich ein britischer Militärfriedhof, wo die 1941 in der Schlacht um Kreta gefallenen Commonwealth-Soldaten beigesetzt wurden.

Auf dem Hügel Profitis Ilias, einem Schauplatz des kretischen Aufstands gegen die Türken im Jahr 1897, liegen die griechische Ministerpräsident Eleftherios Venizelos und sein Sohn Sofoklis begraben. Hier genießt man den besten Ausblick über Chania und die Bucht.

Das erste der drei Klöster, das von venezianischer Architektur geprägte Agia Triada (Heilige Dreifaltigkeit) aus dem 17. Jh., erhebt sich mit seinen charakteristischen Kuppeln, Säulen und dem Campanile auf einem Kalksteinplateau. Die Landschaft wird etwas rauher – und die Blumen üppiger – auf dem Weg zum Kloster Gouverneto, das vielleicht auf die Anfänge venezianischer Besiedlung im 11. Jh. zurückgeht.

Endgültig gutes Schuhwerk braucht, wer die Ruinen des Klosters Katholiko in der Schlucht neben einer Brücke besuchen will. Die Tropfsteinhöhlen hier boten den ersten christlichen Einsiedlern Zuflucht.

Ferienorte und Dörfer

Die Badeorte Maleme, Kastelli und Paleochora sind gute Standquartiere, um die Fischerdörfer an der schroffen West- und Südwestküste zu besuchen.

Maleme

Dort, wo heute ein Ferienort floriert, tobte im 2. Weltkrieg die

4 DIE VIER BESTEN KLÖSTER Von den zahlreichen Klöstern der Insel genießt **Arkadi** (16. Jh.) am Fuß des Ida-Gebirges das höchste Ansehen, und zwar nicht nur aus religiösen, sondern auch aus politischen Gründen: es stand 1866 im Brennpunkt der kretischen Rebellion gegen die Türken. **Agia Triada** (17. Jh.) auf der Halbinsel Akrotiri wird besonders seiner blumenreichen Umgebung wegen geschätzt. **Toplou** am östlichen Ende Kretas, einst eine Bastion (der Venezianer), besticht durch wunderbare Ikonen, und **Chrisoskalitissa** an der wilden Westküste besitzt bezaubernde Fresken.

Schlacht um Kreta, bei der Maleme wegen des nahen Luftwaffenstützpunktes von Chania eine zentrale Rolle spielte. Auf dem deutschen Soldatenfriedhof mit seinen über 4000 Gräbern – oberhalb der Küstenstraße – gedenkt man noch heute der Invasion der Deutschen von 1941. Der lebhafte, fröhliche Betrieb in den Hotelanlagen bildet einen willkommenen Kontrapunkt.

Kastelli Kissamou

Hier befand sich einst der antike Stadtstaat Kissamos und später ein venezianischer Handelsposten, während heute das Lokalkolorit von kilometerlangen Sandstränden und gemütlichen Tavernen geprägt wird. Ein Bootsausflug führt zur Insel Gramvousa mit einem venezianischen Kastell.

Auf den grasbewachsenen Steilhängen der Falasarna-Bucht läßt sich vorzüglich picknicken, und wer will, klettert zu den Ausgrabungen des Handelshafens aus dem 4. Jh. v. Chr. hinunter. Das hübsche Fischerdorf Sfinari weiter südlich zeichnet sich durch einen einsamen Kiesstrand und Fischrestaurants aus.

Auf einem niedrigen Felsen finden Sie an der Südwestküste in der Klosterkirche Chrisoskalitissa aus dem 13. Jh. mit ihrer blauen Kuppel interessante Fresken.

Paleochora

Die immer beliebtere Stadt an der Südküste verbindet ein pulsierendes Nachtleben in den Hafentavernen mit einigen angenehmen Übernachtungsmöglichkeiten. Boote bringen die Urlauber zu den Inselchen von Elafonisi, wo man den Tag an rosafarbenen Stränden herrlich vertrödeln kann. Eine Schiffsverbindung besteht auch mit der Insel Gavdos. Als erster der »Aussteiger« auf diesem kargen Eiland draußen im Libyschen Meer gilt Odysseus, den die Nymphe Kalypso angeblich sieben Jahre hier zurückhielt.

Samaria-Schlucht

Die Wanderung durch diese großartige Schlucht, die die Weißen Berge durchschneidet, gehört zu den aufregendsten Erlebnissen auf Kreta. Das Unterfangen nimmt einen ganzen Tag in Anspruch und beginnt mit dem Bus in Chania und zu Fuß in Omalos. Von dort zieht sich der steinige Pfad 18 km bergabwärts bis zum Dorf Agia Roumeli und dem Libyschen Meer. Nirgends ist das Bad so erfrischend wie hier! Für die Rückreise nimmt man das Schiff nach Chora Sfakion, wo ein Bus die Wanderer über den Berg zurück nach Chania bringt.

Wer sich dem Ganzen nicht gewachsen fühlt, kann seinen

Forscherdrang auch am südlichen Ende der Schlucht ausleben – Sie werden freilich nicht allein sein. Nehmen Sie den Bus nach Chora Sfakion und das Schiff nach Agia Roumeli, und zwar möglichst früh, bevor die ersten Wanderer von oben anmarschieren und die idyllische Ruhe stören.

Omalos

Das Dorf auf der Hochebene ist das »Sprungbrett« für die Tageswanderung. Hier können Sie sich an einem zweiten Frühstück stärken. In der Schlucht gibt es zwar genügend Quellen und Brunnen mit frischem Wasser, doch nehmen Sie Ihren eigenen Wasservorrat und energiespendende Früchte und Nüsse mit. Feste Schuhe für den steinigen Weg und ein Sonnenhut sind ein Muß: die Sonne brennt erbarmungslos, und es gibt nur wenig Schatten.

Der Pfad

Der Abstieg in die Schlucht beginnt mit einer Holztreppe. Sie schlängelt sich den fast senkrechten Wänden des Berges Gingilos entlang bis zu einem felsigen Steilpfad, der rund 1000 m in die Tiefe führt – nicht auf den eigentlichen Talgrund, sondern zu einem Zwischenplateau. Nehmen Sie es gemütlich, und halten Sie sich an den Pfad, dann

kann nichts schiefgehen. Nach der Kapelle Agios Nikolaos, die sich zwischen Kiefern und Zypressen versteckt, wird die Wanderung weniger anstrengend. Die silbernen, smaragdgrünen und stahlblauen Felswände sind eine Augenweide, und die klaren Becken des Baches laden zum Bade – das allerdings streng verboten ist. Auf halbem Wege erreicht man das Dörfchen Samaria, das der Schlucht den Namen gab; vielleicht legen Sie im erfrischenden Schatten des venezianischen Kirchleins Ossia Maria eine kleine Pause ein.

Die Eiserne Pforte

Kurz hinter der Kirche erreichen Sie den Höhepunkt der Wanderung, die Eiserne Pforte, wo sich die 300 m hohen, steil aufragenden Felswände fast berühren. Auf der anderen Seite der *Sideroportes* weitet sich das Tal zum Meer hin.

Agia Roumeli

Hier stürzen sich die einen in die kühlenden Fluten des Libyschen Meeres und die anderen auf die Meeresfrüchte in den einladenden Tavernen. Wer noch nicht müde ist, sucht die Panagia-Kirche in der Nähe des Strandes auf; sie steht an der Stelle eines griechischen Apollotempels, dessen Mosaikfußboden im Vorhof zu sehen ist.

Byzantinisches Bilderbuch: Fresken der Kirche Agia Anargiri in Chania.

Imbros-Schlucht

Die Wanderung durch diese Schlucht ist leichter und der Pfad nicht so steil, doch die Landschaft genauso spektakulär und die Blumenpracht im Frühjahr noch reichhaltiger als in Samaria. Vor allem ist sie weniger bekannt und deshalb auch in der Hochsaison nicht übervölkert.

Nehmen Sie den Bus von Chania zum Dorf Imbros. Der Weg durch das ausgetrocknete Flußbett ist 11 km lang und dauert, kurze Rastpausen eingerechnet, rund 6 Stunden. Endpunkt bildet das Dorf Komitades mit der Georgskirche, die Fres-

ken aus dem 14. Jh. besitzt. Ein Bus bringt Sie die restlichen 5 km nach Chora Sfakion zum Meer.

Chora Sfakion

Das Bad im Libyschen Meer und die Fischrestaurants am Hafen werden zwar zu Recht gelobt, doch der eigentliche Stolz der Region sind die Sfakioten selbst. In ganz Griechenland für ihren herben, unbezwingbaren Charakter bekannt, haben sie im Unabhängigkeitskampf gegen die türkischen Herrscher eine tragende – mitunter grausame – Rolle gespielt. Berühmtheit erlangte vor allem Ioannis Daska- 41 loiannis, der die Rebellen 1770 anführte. Wenn es darum geht, ein patriotisches Fest zu feiern, zaubert denn auch mancher Kreter die Tracht der Sfakioten aus dem Kleiderschrank: Bundhose in Schaftstiefeln, Gürtel und Messer, schwarze Bluse und Kopftuch.

Frangokastello

Trutzig erheben sich 15 km östlich von Chora Sfakion die vier eckigen Türme der venezianischen Burg aus dem 14. Jh., stumme Zeugen des Massakers, das die türkische Übermacht 1828 an den sfakiotischen Aufständischen verübte. Weniger Patriotische schätzen den langen Sandstrand.

Rethimnon

In den Straßen der Stadt herrscht eine Art altertümliche Eleganz. Hier treffen sich fern vom hektischen Treiben Iraklions die Schriftsteller und Maler der Insel, um in den Cafés der Altstadt hinter der Hafenpromenade über den Zustand der Welt zu diskutieren. Die Atmosphäre läßt noch die Blütezeit Rethimnons unter den Venezianern im 15. und 16. Jh. erahnen, vor allem im August, wenn das Festival für Renaissancemusik und -theater stattfindet. Die türkischen Eroberer waren so gnädig – und träge –, das Stadtbild nicht umzukrem-

peln, sondern lediglich mit Hilfe von Minaretten und Kuppeln ein paar Kirchen in Moscheen umzuwandeln und den Rethimnioten sonst als bleibendes Andenken ihren köstlichen Kaffee zu hinterlassen.

Am Hafen

Im Osten des historischen Stadtkerns zieht sich dem sanft geschwungenen Sandstrand entlang die Venizelou-Promenade mit ihren Boutiquen, Restaurants und Cafés – Treffpunkt der Touristen bei Tag und der Einheimischen beim obligaten Abendspaziergang. Sobald dann die Lichter angehen, strömt alles zum kleinen venezianischen Hafen, wo sich in den zahlreichen Fischrestaurants mit Blick auf die malerischen Fischerboote und Segelschiffe vor dem alten Leuchtturm ausgezeichnet speisen läßt.

Fortezza

Nordwestlich des Hafens und der Altstadt führt eine breite Treppe von der Melissinou-Straße hinauf zur imposanten venezianischen Festung auf einem breiten Felsvorsprung. Sie wurde im letzten Drittel des 16. Jh. zum Schutz gegen die ständigen Überfälle der Türken gebaut und immer wieder erweitert, bis sie sich 1645 ergeben mußte. Von oben bietet sich ein schöner Blick auf den Hafen und den alten Stadtkern. Die Festungsmauern umschlossen einst nicht nur Kasernen, Geschützstellungen und Munitionsmagazine, sondern auch eine Kathedrale, ein Lazarett, Zisternen und Vorratshäuser, damit die Stadtbevölkerung sich im Falle einer Belagerung in die Fluchtburg zurückziehen konnte. An der Stelle der Kathedrale errichteten die türkischen Eroberer eine Moschee mit hochaufragender Kuppel. Erhalten ist auch noch die Residenz des venezianischen Gouverneurs am Haupttor. Im Sommer steht die Festung im Zeichen der Musikfestspiele.

Altstadt

Im historischen Stadtkern hinter dem Hafen macht sich der venezianisch-türkische Einfluß vor allem in der Arkadiou-Straße bemerkbar. An den venezianischen Steinfassaden der alten Häuser – heute meistens Läden oder Cafés – prangen türkische Holzerker, und in den verträumten Innenhöfen schrauben sich schmucke Steintreppen zu den oberen Stockwerken empor.

Das Ende der Gasse bildet der mit Palmen bestandene Petihaki-Platz mit einer eleganten Loggia, die als Treffpunkt des venezianischen Adels diente, während der Rimondi-Brunnen mit den venezianischen Löwen und der türkischen Kuppel über korinthischen Säulen durch seine historisch bedingte Stilmischung verblüfft.

Die nahe Pomeranzen-Moschee *(Djami ton Nerantsion)* – einst die italienische Kirche Santa Maria, jetzt ein Konzertsaal –, wird von einer Kuppel und einem Minarett gekrönt. Ersteigen Sie den Balkon, wo der Muezzin die Gläubigen zum Gebet rief, und genießen Sie den Blick über die Stadt. Nach Süden gelangen Sie durch die Porta Guora, einen venezianischen Torbogen, zum Stadtpark.

Archäologisches Museum

Das alte venezianische Gefängnis bei der Fortezza beherbergt heute das Archäologische Museum. Die Ausstellung umfaßt eindrückliche Funde aus der Stein- und Bronzezeit, Schmuck, Figuren, Geräte und Grabbeigaben. Aus dem minoischen Reich und der griechischen Antike stammen Götterstatuen und andere Kultgegenstände, die zum Teil in der Zeushöhle des Ida-Gebirges gefunden wurden.

Ausflüge von Rethimnon

Je nachdem, ob Sie lieber früh oder spät aufstehen, können Sie diese drei Ziele – Kloster, Spaziergang und Höhle – in einem Tagesausflug miteinander verbinden oder einzeln ansteuern. 43

Kloster Arkadi

Die Kirche und Klosteranlage von Arkadi, eine knappe Autostunde südöstlich von Rethimnon oberhalb einer wilden Schlucht, gelten als Nationaldenkmal des kretischen Aufstands gegen die Türken im 19. Jh. Die restaurierte venezianische Kirche mit den eleganten Bogen des Glockenturms steht im krassen Gegensatz zum Pulvermagazin mit dem weggerissenen Dach und dem Refektorium mit den Einschußlöchern an den Wänden, steinerne Zeugen jener Tragödie, die dem Widerstand gegen die osmanische Belagerung ein Ende setzte. Ein kleines Museum mit verschiedenen Relikten und ein Friedhof für die über 1000 Opfer, deren Schädel im Beinhaus aufbewahrt sind, erinnern an die Greuel.

Amari-Tal

Die Hügelzüge am Ida-Gebirge im Südosten von Rethimnon stecken voller Überraschungen sowohl für Kunst- wie für Naturfreunde. Der Anblick der Wildblumen ist im Frühjahr, wenn Zwergiris, Wildtulpen und Lupinen blühen, ein besonderer

Unverkennbare Merkmale einer griechischen Insel: leuchtend weiße Häuser mit blauen Türen.

Genuß, doch Hobbybotaniker finden das ganze Jahr über Staunenswertes.

Zwischen grünen Wiesen und silbernen Olivenhainen verbergen sich hübsche Kirchen aus venezianischer, byzantinischer und sogar frühchristlicher Zeit. Dazu gehört die Panagia-Kirche in Platania mit Wandmalereien aus dem 15. Jh., und vor allem

---

»FREIHEIT ODER TOD«

Dieser kompromißlose Wahlspruch, den die Kreter im Aufstand gegen die Türken prägten, wurde in Arkadi zur furchtbaren Wirklichkeit. Hinter den Klostermauern hatte sich am 9. November 1866 der Abt Gabriel mit Rebellen und Hunderten von Frauen und Kindern aus den umliegenden Dörfern vor der erdrückenden Übermacht der türkischen Soldaten verschanzt. Als die Angreifer schließlich in den Hof eindrangen, gab der Abt den Befehl, das Pulvermagazin in die Luft zu sprengen. Die meisten Klosterinsassen und mehrere Hundert Türken kamen bei der Explosion ums Leben. Noch heute wird der Jahrestag in Rethimnon und Arkadi begangen – je nach Tageszeit mit Gedenkgottesdiensten und Tränen oder Wein, Feuerwerk und Volkstänzen.

die Marienkapelle in Thronos (14. Jh.), wo sich in den zauberhaften Fresken der strenge byzantinische Stil mit venezianischer Lebensfreude verbindet. Vor der Kapelle sind am Boden Mosaikreste einer Basilika aus dem 4. Jh. zu sehen. Ein viertelstündiger Spaziergang durch die Felder südlich von Thronos bringt Sie zur alten griechischen Akropolis Sybrita.

Die Fresken in der Archistratigos-Kirche von Monastiraki, in Lampiotes, Opsigias und dem Stätdchen Amari selbst sind ebenfalls einen Besuch wert. Die mitten in einem Wäldchen gelegene Sankt-Anna-Kapelle in Amari soll die ältesten Fresken der Insel – sie stammen von 1225 – besitzen.

Malerisch sind die Ruinen der frühchristlichen Basilika außerhalb von Vizari (6. Jh.). Setzen Sie den Weg bis nach Fourfouras fort, können Sie weit über die Messara-Ebene und auf das Libysche Meer hinausblicken.

Ida-Gebirge

Die Kreter nennen den Gipfel des Ida-Massivs Psiloritis, was »der Große« heißt, und er ist mit seinen 2456 m in der Tat der höchste Berg der Insel. Für die alten Griechen bestand seine Bedeutung vor allem in der mythologischen Annahme, daß Göttervater Zeus hier seine Jugend verbrachte und zwischen Ziegenhirten und Nymphen groß und stark wurde. Das mit den Nymphen klingt verlockend, doch leider haben die Fremdenverkehrsbüros nur gewöhnliche Ausflüge zur Ida-Höhle im Angebot. Obschon sogar Pythagoras sich von seiner Hypotenuse Zeit nahm, um hier hinaufzuwandern, wird solches dem Touristen nicht zugemutet, denn eine (zwar etwas beschwerliche) Straße führt bis kurz vor die Höhle. Wie Moses auf den Berg Sinai, so pilgerte König Minos zu dieser Stelle, um von seinem Vater Zeus dessen Gesetze in Empfang zu nehmen. Die Griechen schließlich machten die Höhle zu einer Kultstätte. Die gefundenen Schmuckstücke, Bronzeschilde, Trommeln und anderen Votivgaben befinden sich in den archäologischen Museen von Iraklion und Rethimnon.

Auch hier ist die Landschaft eine Pracht, und vom Anblick der Wildblumen auf der Nida-Hochebene (1400 m) im Mai oder Juni werden Sie noch lange schwärmen. Der Hauptort an den Hängen des Ida-Gebirges, Anogia, wurde immer wieder zerstört, so von den Türken 1822 und besonders gründlich von den Deutschen im August 1944. Er ist bekannt für seine schönen Webarbeiten – und den kräftigen Wein seiner Tavernen.

KULTURNOTIZEN

Ariadne, die Tochter des Königs Minos, kannte das Geheimnis des Labyrinths von Knossos. Dädalus, dessen Erbauer, hatte ihr das magische Garnknäuel gegeben, dank dem Theseus ihren Halbbruder, den Minotaurus, aufspüren und töten konnte und wieder aus dem Labyrinth herausfand. Nach all dem ließ der Lümmel sie auf der Insel Naxos sitzen. Dort verlor sie ihre Herz an Dionysos, den Gott des Weines, wo es sicher besser aufgehoben war.

Barbarossa oder Cheir ed-Din, der türkische Pirat mit dem roten Bart, war im 16. Jh. der Schreck aller kretischen Handelshäfen. Zur Belohnung für seine Raubzüge ernannte ihn der Sultan zum Admiral der türkischen Flotte.

Candia nannten die Venezianer das heutige Iraklion. Der Name erstreckte sich bald auf die ganze Insel und wurde, zumindest für die Stadt, bis ins 20. Jh. benutzt. Er ist die italienische Version des arabischen Rabd el-Chandak und bezieht sich auf den Graben, den die Sarazenen nach ihrer Eroberung im Jahr 824 n. Chr. rund um die Stadt zogen, um sie besser verteidigen zu können.

Damaskinos, **Michailos**, ein »Star« unter den spätbyzantinischen Malern, wird von den Kunsthistorikern wegen der Erhabenheit und Pracht seiner Kompositionen gerühmt. Auf diesen Geschmack soll er dank einer Reise nach Venedig 1577–82 gekommen sein, gewissermaßen auf einem Ego-Trip – er ist nämlich einer der ganz wenigen byzantinischen Maler, die ihre Ikonen signierten.

El Greco, mit seinem richtigen Namen Dominikos Theotokopoulos, kam um 1541 in Fodele, einem Dörfchen 28 km westlich von Iraklion, zur Welt. Von 1577 bis zu seinem Tode 1614 wirkte der berühmte Maler im spanischen Toledo.

Evans, **Sir Arthur** (1851–1941), der »Vater« von Knossos, betrat die Insel mit besten Referenzen: er war Direktor des Ashmolean Museum in Oxford. Während er südlich von Iraklion seine ersten Ausgrabungsversuche unternahm, verfaßte er türkenfeindliche Artikel. Damit schrieb er sich in die Herzen der Griechen, die ihm 40 Jahre lang freie Hand ließen, den Palast des Königs Minos freizulegen. Seine Tatkraft ist unbestritten. 47

Zweifel hinterlassen dagegen seine übers Ziel hinausschießenden »Restaurationen«, die – im Licht der modernen Wissenschaft besehen – allzusehr seine persönliche Vision minoischen Lebens widerspiegeln.

Herodot, der Vater der Geschichtsschreibung, erzählt, daß die Insel zweimal einen großen Teil ihrer Bevölkerung verlor: das erste Mal bei der verheerenden Militärexpedition, die König Minos nach Sizilien entsandte. Drei Generationen später zeichnete sich Kreta als Verbündete an der Seite Agamemnons im Trojanischen Krieg aus und wurde dafür vom Schicksal mit Hungersnöten und Seuchen bedacht.

Ikonen sind religiöse Bilder auf Holztafeln, die nach strengen, von der orthodoxen Kirche festgelegten Kriterien bezüglich Inhalt und Gestaltung geschaffen werden. Der Kontakt der kretischen Maler mit der venezianischen Kultur brachte Dynamik und Farbe in die oft etwas stereotype und vergeistigte byzantinische Kunst.

Johannes der Eremit verließ im 11. Jh. seine Höhle auf der Halbinsel Akrotiri, um nach dem Sieg der Truppen von Byzanz über die Mohammedaner den christlichen Glauben zu verkünden. *Agios Ioannis Xenos* wird noch heute als Heiliger verehrt. Ihm ist ein Fest gewidmet, das jeweils am 7. Oktober im Katholiko-Kloster beginnt.

Kazantzakis, **Nikos** (1883–1957) ist der berühmteste Schriftsteller Kretas. Von ihm stammen die Romane *Alexis Zorbas* und *Die letzte Versuchung*. In Iraklion als Sohn einer Rebellen- und Banditenfamilie geboren, war er abwechslungsweise Mönch, Marxist und Frauenheld, getrieben von der steten Suche nach der Wahrheit. Seine Grabinschrift: »Ich erhoffe nichts. Ich fürchte nichts. Ich bin frei.«

Linearschriften sind auf Tontäfelchen erhaltene, aus Bild- und Silbenzeichen zusammengesetzte Schriften, von denen die minoische »Linear A« auf das 17. Jh. v. Chr. zurückgeht. Die auch auf dem Peloponnes gefundene jüngere »Linear B« konnte 1952 entziffert werden und stellt die älteste Form der griechischen Sprache dar.

Metellus Creticus, Quintus Cäcilius war der Römer, der 69 v. Chr. Ordnung auf der Insel schuf. Hier herrschten damals wie so oft die Seeräuber, die den Elitetruppen des Prokonsuls zwei Jahre lang standhielten und dann versuchten, sich mit Pompejus, dem neuen Vorgesetzten des Metellus, zu arrangieren. Bevor es ihnen gelang, war es um sie geschehen.

Nikephoros Phokas hieß der berühmte Feldherr, der 961 Iraklion für das byzantinische Reich eroberte. Es war seine Idee, die arabischen Gegner mit den Köpfen ihrer gefallenen Kameraden zu bombardieren, um sie zur Kapitulation zu bewegen. Zwei Jahre später wurde er Kaiser. Dazu heiratete er die Witwe seines Vorgängers, Theophano, und ließ sich dann von seinen Soldaten zum Kaiser ernennen. Es ging nicht lange, dann brachte ihn der Liebhaber seiner Frau um, der nun seinerseits Kaiser wurde. Es war genau die Art Spielchen, die Byzanz seinen schlechten Ruf einbrachten.

Odyssee wird die Heimreise des Odysseus nach dem Trojanischen Krieg genannt. Er machte zweimal auf Kreta halt: das erste Mal in Paleochora, wo seine Männer Ziegen jagten, während er in einer Höhle den Kyklopen Polyphem blendete, und später auf der Insel Gramvousa vor der Nordwestküste, wo seine Schiffe auf günstigen Wind für die Fahrt nach Ithaka warteten.

Pasiphae, König Minos' Gemahlin – ihr Name bedeutet »die für alle scheint« –, hatte eine stürmische Affäre mit einem weißen Stier, worauf sie den Minotaurus zur Welt brachte.

Paulus, der Apostel, schrieb in einem Brief an Titus, ein Kreter habe selbst gesagt, sie seien »immer Lügner, böse Tiere und faule Bäuche«. Paulus' Kommentar: »Dies Zeugnis ist wahr.«

Prinz Georg, der zweite Sohn des in Dänemark geborenen griechischen Königs Georg I., weilte 1898 bis 1906 als Hochkommissar der Großmächte auf der Insel. Er hinterließ das Jagdhaus Georgiopolis.

Rhea rettete ihrem Sohn Zeus das Leben, indem sie ihn in einer Höhle versteckte und ihrem Gatten Kronos einen in Windeln gewickelten Stein zu fressen gab. Kronos hatte nämlich die Gewohnheit, seine neugeborenen Kinder bei lebendigem Leib zu verschlingen.

Schliemann, **Heinrich**, der berühmte Entdecker von Troja und Agamemnons Palast in Mykene, hätte um ein Haar auch Knossos auf sein Konto gebucht, das er zehn Jahre vor Sir Arthur Evans aufspürte. Er gab jedoch seine 49

Ausgrabungspläne auf, weil er sich mit den Landbesitzern über den Kaufpreis nicht einigen konnte.

Titus, Paulus' rechte Hand auf dieser Insel, wurde erster Bischof Kretas. Der Heide aus Antiochia in Syrien war insofern ein Musterbeispiel, als es Paulus gelang, ihn ohne Beschneidung zum Christentum zu bekehren. Später ging es dann um Titus' Kopf: die Venezianer entführten ihn als Reliquie nach dem Einzug der Türken in ihre Heimat und brachten sie den Kretern erst 1966 wieder zurück.

User hieß ein ägyptischer Botschafter in Kreta zur Zeit des minoischen Reiches. Der Name wurde auf dem Bruchstück einer Statue gefunden und ermöglichte Sir Arthur Evans, den zeitlichen Rahmen der minoischen Kultur abzustecken.

Venizelos, Eleftherios (1864–1936) entspricht dem Ideal des griechischen Politikers: Er war ein unerschrockener Kämpfer, gewiefter Staatsmann, überzeugter Patriot und – für einen Ministerpräsidenten – erstaunlich aufrichtig. Er trat vehement für den Anschluß seiner Heimat an Griechenland ein. Sein Vorname bedeutet übrigens »Freiheit«.

Wein bedeutete unter den Venezianern vor allem Malvasier, der von den Rebbergen der Region Malevisi westlich von Iraklion stammte. Der süße Dessertwein wurde in großen Mengen exportiert, Shakespeare nach zu schließen auch nach England: In seinem Schauspiel *Richard III.* wird der Herzog von Clarence kurzerhand in einem »Faß voll Malvasier« ertränkt.

Xopateras heißt »ehemaliger Priester«. Damit meinten die Kreter einen abtrünnigen Mönch, der sich im Aufstand von 1828 gegen die Türken als Widerstandskämpfer hervortat. Er starb, als er im Kloster Odigitria südlich von Phaistos seine Familie verteidigte.

Zorbas, Alexis – vielleicht der berühmteste aller Kreter, obwohl er aus Mazedonien stammte – ist eine Romanfigur, die wir der Phantasie von Nikos Kazantzakis verdanken. Unvergeßlich wurde sie dank der lebensvollen Darstellung des Mexikaners Anthony Quinn, der im gleichnamigen Film die Hauptrolle spielte. Dem Ebenbild von Zorbas begegnen wir in Kreta auf Schritt und Tritt: beim abendlichen *ouzo* in der Hafentaverne oder beim nächtlichen Tanz zu den *bouzouki*-Klängen.

Einkaufen

Von einer griechischen Insel ein qualitativ hochstehendes, wenn möglich handgearbeitetes Geschenk nach Hause zu bringen, ist kein leichtes Unterfangen. Oder sammeln Sie Kitsch? Dann allerdings haben Sie die Qual der Wahl. In Kreta sind beide Arten von Souvenirs reichlich vorhanden. Ein guter Grund, einen oder zwei Tage in Iraklion zu verbringen, ist die ausgezeichnete Auswahl in den Geschäften, die Produkte aus ganz Kreta anbieten. In einigen Bergdörfern wie zum Beispiel in Kritsa (bei Agios Nikolaos) oder Anogia (bei Rethimnon) werden Webwaren noch in Heimarbeit hergestellt, so daß Sie hier reizvolle Handarbeiten günstiger erstehen. Einen Überblick über das kretische Kunstgewerbe erhalten Sie in Rethimnon selbst: das Fremdenverkehrsbüro am Hafen zeigt eine ansprechende Ausstellung.

Antiquitäten

Offiziell gilt alles als »antik«, was aus der Zeit vor dem griechischen Aufstand von 1821 stammt. Um eine echte Antiquität auszuführen, brauchen Sie eine Erlaubnis – die Sie kaum bekommen werden… Zu Ihrem Trost: In Museen und Klöstern gibt es sehr schöne Kopien byzantinischer Ikonen zu kaufen.

Töpferwaren

Vasen und Fruchtschalen sind mit geometrischen Zeichnungen oder fröhlichen Tanz- und Stierspringer-Szenen verziert, wie wir sie von Knossos her kennen. Eher rustikal wirken die robusten Öl- und Weinkrüge. Hübsch sind auch Kopien von Tier- und antiken Götterstatuen. In den meisten Geschäften wird man Ihnen die zerbrechlichen Figuren, die in Iraklion von Hand modelliert werden, gegen einen geringen Aufpreis gern nach Hause schicken.

Stickereien und Textilien

Die bestickten Schultertücher und Tischdecken von Kritsa sind über Kreta hinaus ein Begriff, doch sehen Sie sich auch in Anogia nach Textilien um. Schöne Handarbeiten gibt es in allen großen Touristenorten zu kaufen: bunte Schultertaschen, die sogenannten *vourgia*, Wandbehänge, Bettdecken, Kissenbezüge, Vorhänge, feine Taschentücher und zarte Spitzendeckchen. Sie können den handgewobenen Stoff auch zu einem Schneider bringen und nach Maß nähen lassen.

Für kühlere Tage ist ein Pullover, Umhang oder Kittel aus warmer kretischer Wolle das Richtige.

Für Feinschmecker

Vielleicht möchten Sie Ihre Ferienerinnerungen in kulinarischer Form in den Alltag hinüberretten – mit einer Schachtel süßer *baklava*, mit Fetakäse oder einem reich verzierten *kouloura*-Brot (das Sie essen oder in Ihrer Küche aufhängen können). Denken Sie auch an einen trockenen Weißwein (*retsina* verliert jedoch durch den Transport an Qualität), an *ouzo* oder eine Flasche hochprozentigen *raki*.

Schmuck

Die filigranen Muster der Halsketten, Armbänder und Ohrringe aus Gold und Silber, ein Erbe der byzantinischen Kultur, sind den meisten Griechenlandreisenden vertraut. Zunehmend beliebt und echt kretisch sind die exquisiten Schmucksachen, die von den Schöpfungen der minoischen Goldschmiede von Knossos und Phaistos inspiriert sind. Sie werden – ebenso wie modernere Modelle – in den Ateliers von Agios Nikolaos und Iraklion hergestellt. Der Preis richtet sich in erster Linie nach dem Gold- oder Silbergewicht, dazu kommt ein verhältnismäßig kleiner Prozentsatz für die Ausführung.

Lederwaren

Der Stil ist rustikal und besser für Sandalen und Schuhe geeignet als für Jacken und andere Kleidungsstücke. Das feste kretische Leder ergibt gute Taschen, Schulranzen und Gürtel, die im Westen der Insel von Hand hergestellt werden.

Andenken

Hinter der Bezeichnung »Griechisches Kunsthandwerk« verbirgt sich eine Vielfalt herrlich kitschiger Mitbringsel – von Ouzoflaschen in Gestalt korinthischer Säulen bis zum Diskos von Phaistos in jeglicher Form: als Schmuckstück, Schlüsselanhänger oder Bierdeckel.

Weberei und Stickerei sind auf Kreta jahrhundertealte Familientraditionen.

Sport

Wassersport

Wer mit der Familie nicht nur im hoteleigenen Swimmingpool baden will und mit Sand liebäugelt, sollte sein Glück an den Stränden von Vai, Chersonisos oder Kastelli Kissamou versuchen. Wenn der Nordwind *meltemi* weht, sind jedoch Kies- und Felsstrände angenehmer.

Für Schnorchler und Sporttaucher wird in allen größeren Ferienorten die entsprechende Ausrüstung angeboten und Unterricht erteilt. Das Besondere am Tauchen vor der kretischen Küste sind nicht die Fische, sondern die Ruinen versunkener Städte und römischer Hafenanlagen, besonders in der Mirabello-Bucht.

Je nach Geschmack und Budget können Sie sich die Zeit auch mit einer gemieteten Jacht, Wasserskifahren, Fallschirmsegeln, Windsurfen oder Paddeln vertreiben.

Fischen

Mieten Sie in einem der Häfen ein Boot, und lassen Sie sich nach getaner Arbeit den Schwertfisch oder die Meerbrasse von der Küche Ihres Hotels zubereiten. Sie brauchen keine Erlaubnis, doch erkundigen Sie sich im Verkehrsbüro nach den Vorschriften über Speerfischen.

Wandern

In den Verkehrsbüros sind Wanderkarten erhältlich. Im Gegensatz zu den Naturlehrpfaden in den Weißen und den Lasithi-Bergen erfordern die Schluchten von Samaria und Imbros ein gewisses Durchstehvermögen. Wer eine Besteigung des Psiloritis im Ida-Massiv plant, erkundigt sich am besten beim Griechischen Bergsteigerverband in Chania nach den Bedingungen für professionelle Führung und Ausrüstung. Gemütlicher – und für Vogelbeobachter interessant – ist ein Spaziergang zu den Klöstern und Höhlen der Akrotiri-Halbinsel bei Chania.

Tennis

Die meisten Hotels haben gute Tennisplätze, doch Sie sollten Ihren Schläger mitbringen.

Im Frühling zeigt sich Kretas Hügellandschaft von ihrer schönsten Seite.

Kretas Küche

Obschon die kretischen Köche, meist glühende Patrioten, es nur ungern zugeben, ist ihre Küche eine harmonische Verbindung von griechischen und türkischen Einflüssen – die sich von der »internationalen« Einheitskost mancher Hotels wohltuend abhebt. Fleisch ist in großzügigen Portionen bemessen. Fischliebhaber finden eine große Auswahl an Meeresgetier und Süßwasserfischen aus den Bergbächen. Und die blühende Landwirtschaft der Insel sorgt für viel frisches Gemüse und Salat. Wer lieber in örtlicher Atmosphäre essen möchte, sollte Tavernen abseits der Küste aufsuchen und wie die Einheimischen ein wenig später speisen (um 14 Uhr und 21–22 Uhr). Weit verbreitet und voll Überraschungen ist der griechische Brauch, vor dem Bestellen in der Küche in die Pfannen zu gucken.

Zum Auftakt

Die reichhaltige Palette an Vorspeisen oder *mezedes* (Einzahl *meze*) wird von einem erfrischenden *ouzo* und kühlem Wasser begleitet und ist fast eine Mahlzeit für sich. Sie können entweder unter Dutzenden von kleinen Gerichten selbst wählen oder, wenn Sie »Neuling« sind, sich vom Kellner eine Auswahl zusammenstellen lassen. Probieren Sie von allem, aber essen Sie es nicht auf, sonst sind Sie schon vor dem Hauptgang satt. Die »Parade« beginnt mit schwarzen und grünen Oliven, roh oder mit Zitrone, Knoblauch, Koriander oder Pfeffer gewürzt. Dann folgen verschiedene Tunken oder Pasten: *tachini* (Sesam); *houmous* (Kichererbsen); *taramosalata* (geräucherter Kabeljaurogen); *melidzanosalata* (Joghurt und Auberginen) oder *dzadziki* (Joghurt und Gurken mit Minze oder Knoblauch). Gefüllte Weinblätter heißen *dolmades*, in Essig eingelegter Blumenkohl *moungra*. Dazu ißt man *koulouria*, Sesambrot, *elioti*, Olivenbrot, oder *pitta*, Fladenbrot.

»König der Salate« ist eine meist riesige Portion *choriatiki salata* – Kopfsalat, Tomaten, Gurken, frischer Koriander, Kapern, Zwiebeln und Fetakäse.

Bei den Meeresfrüchten stehen *kalamari* (Kalmar) und *oktapodi ksidato* (dünne Scheiben Tintenfisch) obenan. Probieren Sie auch *salingaria* (Schnecken).

Zu den Vorspeisen gehören ferner *tiropitta* (kleine Teigdreiecke mit Ziegen- und Schafkäse), *spanakopitta* (Spinatpastete) und auch geräucherte Würstchen wie *loukanika*.

Hauptgang: Fisch oder Fleisch?

Zu den bekanntesten Fischen, meist gegrillt oder gebraten, zählen Seebarbe *(barbounia)*, Seebarsch *(sinagrida)*, Schwertfisch *(xifias)*, Seezunge *(glossa)*, Brasse *(lithrini)* oder fritierte Fischchen *(marida)*. Langusten, Garnelen und Tintenfisch, grilliert oder in einer Sauce aus Weißwein und Tomaten, kommen meist aus der Tiefkühltruhe.

Ein herzhaftes Eintopfgericht ist *stifado* aus Rind- und Kalbfleisch mit Zwiebeln. Unter den Spezialitäten findet man weiter *brizoles* (grilliertes Steak), am Spieß gebratenes und dann in Scheiben geschnittenes Kalb-, Lamm- oder Schweinefleisch *(giros* oder *doner kebab)*, oder aber Spießchen *(souvlakia)*. Lamm

oder Schaf wird gern als Kotelett *(kleftiko)* oder gut gewürzte Fleischbällchen *(keftedes)* gegessen. In den Dörfern kann man köstliches *katsika* (in Tomatensauce geschmortes Ziegenfleisch) probieren.

Sehr beliebt ist *mousaka* – mit Käse überbackene Schichten aus Rindshack, Auberginen und Zucchini. Ein venezianisches Erbe sind die Teigwaren: mit Käse gefüllte Ravioli und Tagliatelle mit Tomatensauce.

Nachtisch

Ebenfalls den Venezianern zu verdanken ist der herrlich kremige Milchreis *(rizogalo)*. Karamelpudding *(galaktobouriko)* und Eis schmecken ebenfalls köstlich. An frischem Obst gibt es Melonen, Feigen, Granatäpfel, Aprikosen, Pfirsiche und Trauben. Für das Dessert suchen allerdings die meisten Griechen die Konditorei *(zacharoplastio)* auf, wo es vorzügliches – türkisch beeinflußtes – Gebäck gibt: *baklava*, aus Blätterteig mit Honig und Walnüssen, das damit verwandte *kataifi*, ferner *loukoumades*, Krapfen mit Sirup, und *pitta me meli* (Honigkuchen).

Getränke

Das auf der Insel gebraute Bier ist gut, und die Weine sind mehr als bemerkenswert. Wie die alten, so behaupten auch die zeit-

57

Für ein Picknick eignen sich Nüsse und getrocknetes Obst, die auf den Märkten in großen Säcken verkauft werden, ausgezeichnet.

genössischen Kreter, den besten griechischen Wein zu produzieren. Der nach Harz schmeckende Weißwein *retsina* ist weniger säuerlich als auf dem Festland und paßt gut zu Fleisch und Fisch. Gute Weißweine sind Minos, Gortis, Logaso und Olympia. Nehmen Sie sich in acht vor den Rotweinen (*mavro*, was »schwarz« bedeutet). Sie enthalten mehr Alkohol, als der erste Schluck vermuten läßt – was sich auf den Schlaf oder die Siesta angenehm, beim Autofahren aber verheerend auswirkt.

Bei den Spirituosen nach dem Essen haben Sie die Wahl zwischen *mandarini*, einem Mandarinenlikör, dem Anisschnaps *ouzo*, dem vor allem bei Kretern beliebten hochprozentigen *raki* – ähnlich dem italienischen Grappa – und dem noch stärkeren *mournoraki*, der in Rethimnon aus Maulbeeren gebrannt wird.

Wenn Sie einfach Kaffee bestellen, serviert man Ihnen meist schwachen *nes* (löslichen Kaffee). Wer nach dem Essen einen *richtigen* Kaffee möchte, verlangt *elliniko*, ein starkes, schwarzes Gebräu mit Satz (in der Art des türkischen Kaffees). Bestellen Sie ihn *sketo* (ohne Zucker), *metrio* (mittelsüß) oder *vari gliko* (süß).

Wichtiges in Kürze

Bei der Vorbereitung Ihrer Reise nach Kreta gilt es, ein paar wichtige Dinge zu beachten:

Autofahren

Wenn Sie ein Auto mieten, brauchen Sie einen gültigen nationalen Führerschein. Ein Preisvergleich zwischen lokalen und internationalen Verleihfirmen lohnt sich. Das Mindestalter beträgt in der Regel 21, manchmal auch 25 Jahre.

Geschwindigkeitsbegrenzungen: 50 km/h in Ortschaften, 100 km/h außerhalb. Die Verkehrsvorschriften sind ähnlich wie bei uns, doch halten sich die temperamentvollen Kreter nicht immer an die Regeln.

Die Straße entlang der Nordküste ist fast überall in ausgezeichnetem Zustand, die Haarnadelkurven östlich von Agios Nikolaos sind jedoch mit großer Vorsicht zu genießen. Die Verbindungen im Landesinnern bestehen aus guten Neben- und vielen holprigen Bergstraßen.

Einreiseformalitäten

Die meisten Touristen benötigen lediglich einen gültigen Paß, Bürger von EU-Staaten eine Identitätskarte.

Die Zollkontrolle ist schnell erledigt. Erlaubt sind pro Person 200 Zigaretten oder 50 Zigarren oder 250 g Tabak, 1 l Spirituosen oder 2 l Wein. Devisen dürfen Sie unbeschränkt einführen.

Achtung: Für bestimmte rezeptpflichtige Medikamente benötigen Sie eine ärztliche Bescheinigung. (Codein z. B. ist in Griechenland verboten.)

Feiertage

Kreta kennt sowohl religiöse wie historische Feiertage.

1. Januar	Neujahr
6. Januar	Dreikönigstag
25. März	Griechischer Unabhängigkeitsfeiertag
15. August	Mariä Himmelfahrt
28. Oktober	*Ochi*-Tag (»Nein«-Tag zur Erinnerung an die Ablehnung des italienischen Ultimatums von 1940)
25. Dezember	Weihnachten
26. Dezember	2. Weihnachtstag

Bewegliche Feiertage:
Rosenmontag (»Reiner Montag«)
Karfreitag und Ostermontag
Himmelfahrt
Pfingstmontag

Flughäfen

Internationale Flüge landen meist in Iraklion, Olympic Airways und kleine Chartergesellschaften mit Verbindungen zum Festland und anderen griechischen Inseln auch in Chania und Sitia. In der Ankunftshalle in Iraklion finden Sie Banken, Autoverleih und ein Fremdenverkehrsbüro, daneben Duty-free-Läden und Restaurants. Wer auf eigene Faust reist, dem stehen zahlreiche Taxis, ein Flughafenbus und öffentliche Verkehrsmittel mit Verbindungen zu den meisten Urlaubsorten zur Verfügung.

Fotografieren

Filme für Videokameras und Fotoapparate gibt es auf Kreta überall zu kaufen. Wählen Sie eine Lichtempfindlichkeit, die der Intensität des kretischen Lichts entspricht. In den meisten Museen ist Fotografieren erlaubt, doch erkundigen Sie sich vorsichtshalber nach der jeweiligen Regelung. Im Flughafen von Iraklion und in der gesamten Souda-Bucht, die Stützpunkt der NATO und der griechischen Marine ist, darf nicht fotografiert werden.

Fremdenverkehrsbüros

Sie mögen noch so perfekt auf die Ferien vorbereitet sein – die eine oder andere Frage taucht bestimmt auf. Die Griechische Fremdenverkehrszentrale führt in allen größeren Urlaubsorten Informationsbüros, wo man Ihnen gern behilflich ist. Karten und Broschüren in Deutsch, Englisch und Französisch geben Auskunft über die ständig wechselnden Öffnungszeiten und sind bei der Planung von Wanderungen unentbehrlich.

Geld

Die griechische Währungseinheit ist die Drachme. Im Umlauf sind Münzen von 1 bis 100 Drachmen und Scheine von 100 bis 10 000 Drachmen. 5-, 10- und 20-Drachmen-Münzen gibt es in verschiedenen Größen.

Die meisten Geschäfte und Restaurants akzeptieren Kreditkarten. Euroschecks werden entgegengenommen, doch Reiseschecks wechselt man am besten in einer Bank oder im Hotel.

Gesundheit

Dank dem angenehmen Klima sind gesundheitliche Beschwerden relativ selten. Sehr empfindliche Mägen rebellieren zwar gelegentlich bei der Umstellung auf die griechische Kost, doch wenn Sie kein Öl mögen, können Sie Grilliertes bestellen und

WICHTIGES IN KÜRZE

Ihre Salatsauce selbst zubereiten. Das Leitungswasser im Hotel ist in den meisten Fällen trinkbar. Was die Sonne betrifft, so gilt auch in Kreta: Meiden Sie übermäßige, direkte Sonnenbestrahlung, und benutzen Sie Hut und Sonnenschutz. Vergewissern Sie sich vor der Abreise, daß Ihre Krankenversicherung auch im Ausland gültig ist. Ärzte, Zahnärzte und Spitalpersonal sind im allgemeinen gut ausgebildet und sprechen oft Englisch oder Deutsch. Wenn Sie rezeptpflichtige Medikamente benötigen, nehmen Sie diese am besten mit.

Klima

Wie auf den meisten griechischen Inseln wird es im Sommer auf Kreta sehr heiß, doch bleibt die Hitze dank einer Mittelmeerbrise und gelegentlichen Abstechern ins kühlere Gebirge erträglich. Im Juli und August beträgt die Durchschnittstemperatur 29°C, in den übrigen Sommermonaten um 27 °C. Die kurze Regenzeit beginnt meist im Oktober. Kluge Leute reisen auch im Winter nach Kreta – um Weihnachten ist es oft recht mild. Man kann sogar in den Weißen Bergen skifahren und sich dann am Strand aufwärmen. Die Temperaturen sinken auch im Januar und Februar kaum unter 9°C.

Kriminalität

Die meisten Kreter sind überaus ehrlich und stolz darauf. Obschon Taschendiebstähle anderswo in Europa deutlich häufiger vorkommen, sollten Sie niemanden mit einer offenen Handtasche und einem Geldbeutel in der Gesäßtasche in Versuchung führen – auch nicht andere Touristen. Hinterlegen Sie Wertgegenstände im Hotelsafe, und schließen Sie Ihr Gepäck ab, bevor Sie es zur Aufbewahrung geben.

Notfälle

Die meisten Probleme lassen sich an der Hotelrezeption lösen. Notrufnummern: Polizei **100**, Feuerwehr **199**. Ihr Konsulat in Iraklion (oder Athen) hilft nur in kritischen Situationen – wie bei Verlust des Passes –, nicht aber beim Abhandenkommen von Bargeld oder Flugtickets.

Öffentliche Verkehrsmittel

Auf der Insel verkehren keine Züge, doch die Busverbindungen entlang der Küste zwischen Iraklion, Agios Nikolaos, Sitia, Chania und Rethimnon sind gut, regelmäßig und relativ pünktlich.

Busse bringen Sie auch zu den meisten Ausgrabungsstätten und zu vielen Bergdörfern. Wenn Sie zu einer Wanderung aufbrechen, sollten Sie zuerst den Busfahrplan für die Rückreise konsultieren. Taxis und Sammeltaxis sind praktisch, verläßlich und preisgünstig.

Öffnungszeiten

Die folgenden Angaben gelten nur als ganz allgemeine Richtlinien.

Banken: Montag bis Freitag 8–14 Uhr, zusätzlich in jedem größeren Ort mindestens eine Bank 17–19 Uhr und kurze Zeit am Samstag (nur für Geldwechsel).

Geschäfte: Montag, Mittwoch und Samstag nur vormittags bis 14 Uhr, Dienstag, Donnerstag und Freitag auch abends 17.30–20 Uhr.

Postämter: in größeren Orten 8–19 Uhr, in kleinen nur bis 14 Uhr.

Museen und Ausgrabungsstätten haben unterschiedliche Öffnungszeiten; am besten erkundigen Sie sich beim Fremdenverkehrsbüro. An staatlichen Feiertagen bleibt alles geschlossen.

Post und Telefon

Sollen Ihre Feriengrüße vor Ihnen zu Hause eintreffen, hilft ein kleiner Trick: Stecken Sie die Postkarten in einen Briefumschlag, und sie werden von der Post mit dem nötigen Ernst behandelt. Briefe und Postkarten werden automatisch per Luftpost gesandt. Briefkästen sind leuchtend gelb. Marken bekommen Sie in Postämtern, gelben Postwagen und in Läden, die Ansichtskarten verkaufen.

Für Telefondienste ist die OTE verantwortlich, die in allen großen Städten Büros hat (meist 8.30–23 Uhr geöffnet). Das Telefonieren ist etwas kompliziert; es empfiehlt sich daher, den Telefon- und Faxdienst des Hotels zu benutzen. Das kostet zwar etwas mehr, macht Sie aber unabhängig von Warteschlangen und umständlichen Erklärungen, falls Sie eine falsche Nummer gewählt haben.

Reisegepäck

Viel brauchen Sie nicht. Packen Sie vor allem leichte Baumwollsachen ein. Für Kirchenbesuche benötigen Sie Kleider, die Knie und Schultern bedecken. Ein Sonnenhut und ein Pullover für kühlere Abende gehören ebenfalls in den Koffer. Feste Schuhe sind unerläßlich. Vergessen Sie Insektenschutzmittel und Taschenlampe nicht – sehr nützlich im Dunkel byzantinischer Kirchen und bei Grillabenden am Strand.

Sprache

Die meisten Griechen sprechen etwas Englisch oder Deutsch. Die Straßenschilder sind gewöhnlich griechisch und englisch beschriftet.

Stromspannung

220 Volt Wechselstrom. Üblich sind zweipolige Steckdosen mit Erdung. In den meisten Hotels findet man im Badezimmer Steckdosen mit 220/110 Volt für Rasierapparate.

Toiletten

Sie sind im allgemeinen gut und hygienisch, und das selbst an öffentlichen Stränden. *Gynaikon* bedeutet »Damen«, *Andron* »Herren«.

An der Nordküste gibt es in den meisten Urlaubsorten öffentliche Toiletten. Wenn Sie jedoch ein Café oder ein Restaurant vorziehen, sollten Sie zumindest einen Kaffee bestellen.

Trinkgeld

Bedienung ist wie in den meisten europäischen Ländern in der Hotel- oder Restaurantrechnung bereits inbegriffen. Legen Sie aber ruhig etwas dazu, wenn Sie besonders zufrieden waren.

Umgangsformen

Viele Kreter (in den Städten) sprechen etwas Englisch – manchmal auch Deutsch –, und

Sie werden staunen, wie rasch Sie mit ihnen in Kontakt kommen. Ein Händedruck und ein paar griechische Worte – *parakalo* heißt bitte, *efcharisto* danke – können Wunder wirken. Denken Sie beim Besuch einer Kirche an die korrekte Kleidung – keine Shorts oder freie Schultern. Strandkleidung sollten Sie nur am Meer oder am Swimmingpool tragen, nicht aber in der Stadt – ganz egal, wie heiß es ist.

Zeit

Wenn Sie aus Mitteleuropa anreisen, müssen Sie Ihre Uhr auf Kreta um eine Stunde weiterdrehen (MEZ + 1).

Zeitungen, Rundfunk und Fernsehen

Deutschsprachige Zeitungen sind mit ein bis zwei Tagen Verspätung fast überall erhältlich. Der griechische Rundfunk strahlt jeden Morgen Nachrichten in deutscher, englischer und französischer Sprache aus. Immer mehr Hotels verfügen über Satellitenempfang mit internationalem Fernsehprogramm.

REGISTER

Deutsche Fassung: Maya Im Hof
Fotos: Bernard Joliat, Konrad Fuchs
Gestaltung: Dominique Michellod, Corsier/Vevey
Karten: Falk-Verlag, Hamburg,
S. 5 JPM Publications